NAVIDAD EN MI CORAZÓN

NAVIDAD EN MI CORAZÓN

JOE L. WHEELER

ISBN 978-1-941555-21-7

FaithHappenings Publishers
7061 S. University Blvd., Suite 307
Centennial, CO 80122

FaithHappenings Publishers,
una división de FaithHappenings.com

RECONOCIMIENTOS

"Introducción: Erase una Navidad", por Joe L. Wheeler. Copyright 1992. Impresa con permiso del autor.

"La Nieve de Navidad", por Joe L. Wheeler. Escrita en 1989. Impresa con permiso del autor.

"La Navidad es para las Familias", por Lois Hansen. Publicada originalmente en *The Youth's Instructor* (El Instructor de la Juventud), 16 de diciembre de 1958. Reimpresa con permiso del autor.

"Ecos de Navidad", por Les Thomas. Originalmente publicada en el *Star-Telegram* de *Fort Worth,* el 25 de diciembre de 1975. Reimpresa con permiso de dicho periódico.

"Cierto Pastorcillo", por Rebeca Caudill, Copyright 1965. Reimpresa con permiso de Henry Holt y Co., Inc.

"El Collar de Cuentas Azules", tomado de A *String of Blue Beads,* por Fulton Oursler. Copyright 1951, Asociación del Reader's Digest. Usado con permiso de Doubleday, que es división de Bantam Doubleday Dell Publishing Group, Inc.

"Un Regalo para David", por Lon Woodrum. Originalmente publicada en *The War Cry* [El grito de guerra], diciembre de 1958. Reimpresa con permiso del Ejército de Salvación y *The War Cry.*

"Por qué el Ministro no Renunció", autor y fuente de origen desconocidos. Si alguien conoce el origen de este relato, por favor envíe la información a Joe L. Wheeler, a cargo de la Review and Herald Publishing Associaton.

"El Porqué de la Navidad", por Don Dedera. Escrita en 1967. Impresa con permiso del autor.

"'Meditación en Tono Menor", por Joe L. Wheeler. Escrita en 1991. Impresa con permiso del autor.

CONTENIDO

FELIZ  NAVIDAD

ERASE UNA NAVIDAD...

Erase una vez..." Todos los cuentos tradicionales comienzan así. Como los cuentos de hadas, que surgen en la conciencia folklórica de una raza, no enfocan lo externo, sino lo básico, el origen de nuestros pensamientos y acciones. Así sucede con las historias de Navidad. Las buenas, las que rehusan morir, son casi primitivas en su sencillez y ausencia de subterfugio. Además, son abiertamente sentimentales.

De todas las épocas del año en que prevalecen los sentimientos, ninguna se compara con la Navidad. Sin duda, la estación del año contribuye [en los países del hemisferio norte]. Las noches son largas, el aire es frío y húmedo, la nieve cubre ciudades, calles y campos con su armiño, el paso de la vida disminuye un poco su velocidad, y las temperaturas bajas nos hacen darnos cuenta de la presencia o ausencia del calor humano en cualquier forma que se manifieste. Por ejemplo, nos resulta difícil imaginarnos cantando villancicos de Navidad en medio del caluroso mes de julio. De alguna manera, la naturaleza, la tradición —y tal vez la suerte— se unieron para traernos el día más especial de todos, justamente en la temporada precisa del año.

La Navidad es una temporada familiar. Por eso es que, por lo regular, en ninguna otra época del año los refugiados de la muerte o la separación son tan azotados por olas de soledad, y —seamos realistas—, si tuviéramos que escoger sólo una palabra para simbolizar la esencia de la vida en los Estados Unidos en esta última década del siglo, sería "soledad".

Somos una raza solitaria, y nuestra soledad aumenta cada vez más. Tratamos de evitar el darnos cuenta de cúan solitarios estamos, recurriendo a toda clase de barreras artificiales: ruido, televisión, radio, charla, películas, videos, actividad, licor, drogas, deportes; y la mayor parte del año lo logramos relativamente bien, excepto en Navidad. Por alguna razón, las defensas normales no funcionan en Navidad. Cuando no podemos ir a casa para Navidad nos damos cuenta de cúan fútil, sin sustancia o significado es nuestra vida. Una consecuencia de ello es el alto porcentaje de suicidios que ocurren en torno a las fiestas de fin de año.

Una de las tragedias mayores de nuestra época es la desintegración de la unidad familiar. Sin un sistema familiar sólido, ninguna nación ha podido jamás progresar por mucho tiempo en este planeta. Tardíamente hemos descubierto que la televisión y otros medios de comunicación han desplazado a Dios y a la familia como el foco central de nuestra sociedad. Cuando la programación de las computadoras éticas de los niños deja fuera a Cristo, y llega a reemplazar a Dios y los valores instilados por el hogar y la iglesia, es inevitable que el resultado sea una generación perdida. No habíamos conocido antes ninguna otra generación tan perdida.

Pero no todo está perdido. Y una de las soluciones a nuestro dilema es volver a descubrir los valores fortalecedores de "Erase una Navidad", reconociendo que una sociedad divorciada de Dios, o una familia divorciada de Dios, no puede menos que destruirse a sí misma.

De nuevo, volvemos a lo sentimental. Es tan imposible experimentar verdaderamente la Navidad en todas sus dimensiones sin emoción, como lo es estar enamorados en un plano puramente racional. Parte de la belleza de la Navidad se apoya en su melodioso intercambio de amor, solicitud, alegría, lágrimas, perdón, empatía, sanidad, etc., que resuenan en las cuerdas de nuestras almas. Desgraciadamente, mucho de lo que se escribe sobre la Navidad es estéril. Carece del poder maravilloso que tienen las grandes historias de Navidad: el poder de hacernos reír o llorar, el poder de levantar nuestro espíritu, el poder de cambiar radicalmente nuestros patrones de conducta para poder comenzar una nueva vida.

Los no cristianos no pueden escribir grandes relatos de Navidad; con frecuencia tratan de hacerlo, pero los resultados son tan efímeros y transitorios como las hojas de otoño que se desploman al menor soplo. Estos escritores no logran captar una gran verdad: Sin el amor por nuestros semejantes que sólo viene de Dios, la Navidad viene a ser una liquidación comercial de la mercadería que sobró de las ventas del Día de Acción de Gracias.

Uno de los primeros y más acariciados recuerdos de mi niñez tiene que ver con estas historias que tocan el corazón. A menudo retrocedo al pasado y revivo uno de estos videos mentales: el árbol *genuino,* el cariño *genuino,* la gente *genuina,* las relaciones *genuinas* entre el hombre y Dios que esos relatos de "érase una Navidad" revelaron.

Y cuando veo esas escenas presentarse de nuevo en la pantalla de mi mente, en forma casi invariable... allí está ella: Mi madre. Una cuentista de viejas tradiciones, Mamá sabía las historias casi de memoria. Esos grandes relatos que jamás se envejecen, no importa cuántas veces los hayamos escuchado antes. Los conocíamos prácticamente de memoria. Sabíamos cuando venían las partes divertidas... y cuando la voz de Mamá se ponía lenta, sabíamos que iba a llorar. Historias como ésas pintaban sus propios lienzos de Navidad con vívidos colores. Tan invalorables y preciosas son esas historias, que ningún sacrificio es demasiado grande, ningún precio demasiado alto, para "volver a casa para Navidad" y escuchar nuevamente esos relatos emocionantes, que le dan su lugar al amor, la familia, el hogar y la comprensión de Dios.

Cómo surgió esta colección

Durante más o menos tres décadas he estado reuniendo relatos especiales de Navidad. En repetidas ocasiones he hecho copias de estos relatos y los he obsequiado a mis amigos para Navidad. La respuesta ha sido maravillosa porque estos amigos me han ayudado a encontrar más de esos relatos especiales, que van desapareciendo a un ritmo alarmante.

Sin duda, la Edad de Oro de los relatos de Navidad transcurrió durante el primer tercio de este siglo; más exactamente, comenzó en la última década del siglo pasado y terminó hacia mediados de este siglo. Evidentemente, este fue un período de reavivamiento espiritual en los Estados Unidos... y no es de sorprenderse que sea paralelo al período del Evangelio Social (que surgió con la obra de Charles Sheldon *In His Steps* [En sus pasos] en 1898, y floreció con la trilogía de Harold Bell Wright: *That Printer of Udel's* [Ese impresor de Udel] *The Calling of Dan Matthews* [El llamamiento de Dan Matthews], y *God and the Groceryman* [Dios y el almacenero], así como en los escritos de varios autores que expresan la profunda convicción de que la esencia de la cristiandad no es una doctrina estéril, sino la aplicación de principios bíblicos en una relación que expresa profundo interés por los que se comunican con nosotros cada día).

Pero aunque la producción de estos relatos disminuyó después de mediados de siglo hasta convertirse, por comparación, en un arroyuelo a punto de secarse, no se ha detenido completamente. En la actualidad hay quienes continúan escribiéndolas. Estoy convencido —y en ello me apoyan muchos estudiosos de nuestra sociedad—, que los Estados Unidos están volviendo a los valores representados por estas historias. Vemos dondequiera un interés renovado en nuestras raíces y nuestra familia. Durante las festividades navideñas vemos familias que hacen grandes esfuerzos por reunirse otra vez. Paradójicamente, en una era cuando uno de cada dos matrimonios termina en divorcio, vemos intentos casi febriles de unir los hilos de la familia que todavía quedan.

Lo cual nos lleva a los huérfanos. Es interesante notar que, sorpresivamente, gran número de relatos memorables de Navidad tienen que ver con huérfanos. En la actualidad, la cantidad de huérfanos en el sentido tradicional se ve sobrepasada por los otros "huérfanos", los que han sido privados de amor y protección debido al divorcio. No nos engañemos: en ambos, los efectos son casi idénticos. De hecho, a menudo parece que los divorcios son más traumáticos —no importa la edad que tengan sus víctimas—, que la muerte física.

Viene a mi memoria una de las cartas más conmovedoras que jamás haya leído, la cual iba dirigida al editor de un periódico metropolitano famoso. La persona que la escribió era una mujer de mediana edad cuyos ancianos padres se acababan de divorciar, porque el padre había encontrado a una mujer más joven y más atractiva.

Esta dama señalaba que la época cuando más dolor le causaba esa situación era la Navidad, porque ya no tenía un hogar a dónde ir a pasar las fiestas. Su mamá estaba sola, viviendo en un apartamento pequeño, pobre y amargada; el papá y su nueva compañera representaban un mundo totalmente desconocido, un mundo que la hija y la familia consideraban incorrecto y sin valores. Tan perdida se hallaba, en un sentido moral, que aún a su edad se encontró flotando en un mundo de dudas, incapaz de hacer pie en ningún lugar seguro.

En este punto, convendría que observáramos algo muy importante: hay una diferencia crucial entre los relatos de Navidad que simplemente entretienen y los que tocan el corazón. He visto a la venta muchas antologías de relatos navideños, y las he comprado, guiado por los títulos o introducciones que las anunciaban a gran voz como "magníficos" relatos navideños, solamente para descubrir que una gran mayoría (si no todas), aunque técnicamente están bien escritas por algunos de los autores más famosos de nuestra era, de todos modos carecen de un ingrediente que considero absolutamente esencial: que el relato mismo toque el corazón. Sin este ingrediente intangible, personalmente rehuso calificar una historia como "magnífica", no importa cuán bueno o famoso sea el autor o cuán bien escrita pueda estar desde el punto de vista literario.

Por otra parte, debo advertir que desde un punto de vista puramente técnico, varios de los relatos que he incluido en esta obra adolecen de ciertos defectos. Sin embargo, los he incluido debido a su poder convincente y emotivo.

Mi Sueño

Espero que esta colección de relatos (recopilados de entre centenares) represente más que un mero adorno en el estante; deseo que los personajes de estas historias lleguen a ser viejos amigos, que se compartan con familiares y amigos durante la época de Navidad. He incluido solamente los relatos que he compartido con otros y de cuya influencia estoy seguro.

Sin embargo, lo más importante de todo, lo que finalmente me motivó, después de todos estos años, a darme el tiempo para seleccionar el oro puro de la colección para publicarlo, fue la convicción de hay gran necesidad hoy de relatos de Navidad que sean Cristocéntricos, que nos recuerden cada vez que leemos uno, lo que realmente es la Navidad, y la vida en sí. Sin ello, la Navidad viene a ser simplemente como un tambor que tocan los comerciantes oportunistas o —parafraseando las palabras de Shakespeare—: "un cuento relatado por un idiota, lleno de arrogancia y vanidad, que no tiene algún significado".

Ocasionalmente me he tomado libertades editoriales, como por ejemplo actualizando fechas, palabras o términos que han llegado a ser arcaicos o han adquirido connotaciones negativas.

Bienvenidos al mundo infinito de la Navidad.

Coda

Todo lector de esta colección puede tener influencia. Si un número suficiente de lectores responden en forma positiva a la colección y comparten sus reacciones conmigo, consideraremos la posibilidad de recopilar una segunda colección de relatos. ¡Hay muchas historias espléndidas que tuve que dejar afuera! (Y si usted sabe el origen o conoce el nombre del verdadero autor de alguno de los relatos que no hemos podido identificar, por favor háganoslo saber para poder corregirlo en una nueva edición). Además, estoy seguro de que algunos de los relatos más grandiosos todavía se hallan ocultos; por lo tanto, espero que cada uno de ustedes. los busque y se tome el tiempo de enviarme copias de los mejores para poder incluirlos en la siguiente colección (asegúrese de incluir el autor, la casa publicadora y la fecha, si es posible).

Joe L. Wheeler
PO Box 1246
Confer, CO 80433

LA NIEVE DE NAVIDAD

Joe Lawrence Wheeler

¿Cómo nace una historia? No lo sé; simplemente nos llega. Una noche muy fría de diciembre de 1989, cuando acababa de entregar las calificaciones a los alumnos de mi clase de composición, surgió en mí el deseo de escribir mi propio relato de Navidad.

Malentendidos, todos los matrimonios están llenos de ellos. Pero ¿qué sucede cuando permitimos que aumenten sin medida? Todos sabemos la respuesta: otro divorcio. Mientras contemplaba la nieve y el hielo sobre el río, y escuchaba el soplo del viento helado que azotaba los árboles, nació la historia de un gran amor destruido por una discusión.

Envié copias a mis amigos. Tantos me contestaron agradeciéndome y animándome a imprimirla, que el incidente fue el catalizador gracias al cual surgió esta colección.

Juan, Caty y Julia; de pronto quedaron sólo dos

Tres puertas había cerrado con violencia ante ella: la del dormitorio, la del frente y la del auto. ¿Cómo había comenzado todo? Realmente él no podía decirlo; sólo fue uno de esos malentendidos que se convierten en pleitos. En asunto de minutos había destruido una relación que había tomado años construir. Su lengua, sin control, parecía tener su propia vida, divorciada de su mente acusadora y de su corazón distanciado.

—Catalina... todo ha sido un gran error... tú y yo. He tratado y tratado, los cielos saben cuánto he tratado, pero sin resultado. Tú... no eres la persona adecuada para mí... ni yo lo soy para ti.

—¡Juan!

—No me interrumpas. Es la verdad. Todo ha terminado. Lo que creíamos que era amor, no lo era, simplemente no existía... No hay razón de prolongar algo muerto. Pero no te preocupes, me aseguraré de que no sufras financieramente, seguiré haciendo los pagos de la casa... y puedes quedarte con el dinero que hay en las cuentas de cheques y de ahorros, y también te enviaré dinero para mantener a Julia.

—¡Juan!

Por poco recapacita, al ver la mirada de angustia en los azules ojos de Catalina, la sorpresa y las lágrimas. Pero su orgullo estaba en juego. Ignorando la mirada suplicante y lastimada de su esposa, partió dando esos tres portazos.

Tres semanas más tarde, se encontraba paseándose en un cuarto solitario de un motel, a 5.000 km. de su hogar. ¿Hogar? No tenía hogar. Solamente su trabajo, muy bueno por cierto, y su Mercedes. Eso era todo.

Incapaz de enfrentar su mente acusadora, prendió el televisor, pero no le ayudó mucho. Pasaban avisos o programas de Navidad en todos los canales. Uno de los anuncios mostró a una niñita rubia que le recordaba mucho a Julia.

Recordaba los grandes ojos de Julia que con tanto gozo anticipaban la Navidad. Los regalos bajo el árbol, que repetidamente tomaba entre sus manos y los evaluaba por su peso, tamaño y sonido, y la delicadeza con que los desenvolvía y los volvía a envolver... le resultaba difícil regañarla por ello, porque ¿no hacía lo mismo Catalina a escondidas? Parecía que Catalina era constitucionalmente incapaz de esperar hasta Navidad para descubrir lo que se escondía dentro de los paquetes que llevaban su nombre, de modo que Julia sufría, naturalmente, del mismo mal.

De nuevo cambió los canales. Otro programa especial de Navidad. Tenía que ser Perry Como... el especial de Navidad hablaba de la actuación de despedida de Perry Como que había sido muchos años atrás; de hecho, Catalina y él la habían visto durante la época navideña el año cuando Julia nació... Perry ya no cantaba igual que antes, pero sus medios tonos todavía lo respaldaban.

¡Oh no! ¡Que no cante: "Estaré en casa en la Navidad"! "Puedes contar conmigo..." En las alas de la voz de Perry, se transportó al pasado, hasta su niñez.

¿Seria su séptima Navidad, o su octava? La octava, porque ese había sido el año cuando sus padres lo sorprendieron con esa preciosa gatita persa gris, a la cual llamó "Samanta". Samanta vivió mucho tiempo, de hecho, 15 años. Era difícil imaginarse la vida sin esa bolita lanuda que ronroneaba echada a sus pies todas las noches, hasta cuando salió de casa para estudiar en la universidad. Y aún entonces, siempre que volvía a casa, cada noche, como el reloj, segundos después que apagaba la luz y se acostaba, sentía la suave vibración que causaba el aterrizaje de las cuatro patitas; luego escuchaba un fuerte ronroneo, y sentía la presencia de una cabecita bigotuda que lo buscaba para que la rascara.

Torrentes de recuerdos vinieron a su mente ahora. Cómo disfrutaba la Navidad en casa. Siempre había estado a cargo de decorar el árbol de Navidad, un árbol que tenía que cortar él mismo. Un árbol *verdadero*,¡nunca uno artificial! La fragancia de un árbol real, lo pegajoso de la resina, hasta la caída de las agujas, todo venía a su memoria.

Qué extraño... cómo media los años por Navidades específicas.

La Navidad de los "discos rotos de fonógrafo", con su ahora legendario cobertizo, por... a ver... Mari Sandoz, sí, Mari Sandoz lo había escrito. Cómo todos se reían —y a ratos lloraban— al escuchar el cuento fronterizo de Nebraska. La palabra "cobertizo" había llegado a ser parte del vocabulario de los recuerdos familiares. Y como siempre, los cuatro abuelos estaban allí y numerosas tías y tíos, primos y amigos de la familia.

Luego la Navidad cuando papá, por primera vez, leyó *todo* el "Villancico de Navidad", de Dickens. ¡Le parecía que nunca iba a terminar! Pero como cosa extraña, después de esa lectura, la historia de Scrooge y la familia Cratchit le parecía más corta cada vez que se leía. ¿Y las adaptaciones al teatro y al cine de esas historias? Reforzaban más el impacto del relato original.

Y ¿cómo podría olvidar la primera vez que escuchó "The Other Wise Man" (El otro rey mago), de Henry Van Dyke? Al igual que el relato de Dickens, normalmente se requerían varias noches para leerlo. Esa conmovedora conclusión, donde el moribundo Artaban, bajo la sombra extendida del Gólgota, por fin encuentra a su rey, nunca dejaba de humedecer sus ojos con lágrimas.

"Ya basta, Juan! Tienes que dejar todo eso atrás. ¿Navidad? ¿Qué es eso? Simplemente un proceso anual de ventas en los centros comerciales. Por eso es que la primera venta especial de Navidad ahora la hacen un día después del feriado de la Independencia". Pero no bastaba: no pudo convencerse de que la Navidad significaba nada más que eso. Por el contrario, su mente abrió la puerta y comenzó a recordar la escena que se había suscitado en la cocina de sus padres, tres semanas atrás.

No fue nada fácil. Al contrario, explicarles lo relativo a la separación y el divorcio que estaba pendiente fue tal vez lo más difícil que jamás hubiera hecho. Y les había rogado que lo excusaran por no pasar la Navidad con ellos, bajo el pretexto de que una reunión de negocios en el este de los Estados Unidos se lo impediría.

Su madre se echó a llorar cuando oyó la noticia de que el matrimonio se había deshecho, porque Catalina se había ganado su corazón, llenando el vacío de la hija que siempre anhelaron, desde esa primera Navidad cuando la llevó a casa desde la universidad. Catalina lo había absorbido todo: el calor y fragancia del arbolito *de verdad*; la escena del nacimiento labrada rusticamente en madera (Juan la había hecho cuando tenía 12 años);las luces exteriores de Navidad; las decoraciones navideñas; la música tocada en estereofónico y cantada alrededor del piano; las historias de Navidad que se leían durante la semana; los juegos y bromas, y la risa permanente; el juego loco de "los camaradas", que era más divertido que el intercambio usual de regalos; la mesa rebosante de comida deliciosa día tras día; juegos de mesa como Monopolio, damas chinas, dominó, anagramas; la fogata en la chimenea todas las noches; recordar al Niño Jesús; y el calor y el amor que permeaban todos los rincones de su modesto hogar.

Cuando le había propuesto matrimonio, en una Nochebuena, y se había disculpado por la sencillez delhogar, comparándolo con la mansión del condado de Marín donde ella había crecido, sus ojos habían fulgurado, y lo había hecho callar colocando sus dedos sobre sus labios.

—¡Nunca pidas disculpas por tu hogar, Juan! —exclamó—. Aqui hay *amor,* y están Cristo, tu padre y tu madre, no sólo mi solitário y amargado padre recorriendo toda esa interminable colección de cuartos, *solo.* Esta es la clase de hogar que yo he deseado toda mi vida.

Luego sus ojos, reflejando la luz de la chimenea, se habían suavizado y emanado un amor tan puro y sin reservas, que al encerrar en sus brazos aquello que una vez había parecido virtualmente inalcanzable, le había parecido que el tiempo se detenia.

"¡Esto tiene que parar!" —se reprendió a si mismo—. ¡No puedo echar atrás!"

Saliendo del cuarto caminó por el pasillo, bajó las escaleras y salió a la ciudad. Las calles estaban llenas de gente; era el 23 de diciembre, y todos tenían un solo objetivo: comprar los regalos de última hora. Pasó frente a dos recolectores del Ejército de Salvación, y le entregó cinco dólares a cada uno.

La felicidad y el buen humor de la temporada lo rodeaban. Desconocidos le deseaban feliz Navidad. Los villancicos navideños resonaban casi en cada negocio.

Un grupo de gente frente a la vitrina más grande de Macy's le llamó la atención. Se abrió paso lo más que pudo para ver lo que todos miraban. Era un arreglo de fantasia, con cientos de ositos de felpa que usaban variados disfraces. Julia se había enamorado de ellos la primera vez que los viera (antes que llegaran a ser el atractivo de la temporada). Y él planeaba sorprenderla la mañana de Navidad, trayéndole uno a la mesa a la hora del desayuno en vez de ponerlo debajo del arbolito de Navidad. Bueno, quizá Catalina se acuerde de comprarlo—lo cual él dudaba—, si es que siquiera tenía deseos de celebrar la Navidad.

Siguió caminando, pero parecía sentir una fuerza invisible que lo regresaba a la tienda. Dos horas más tarde, sin poder resistir más, volvió y compró uno de los tres ositos que quedaban en existencia. Hasta la ventana había sido vaciada. Poco después regresó al motel. Movió la cabeza, perplejo, sin comprender la razón por la cual lo había comprado, pues se encontraba a un continente de distancia de Julia, y mañana era Nochebuena.

Después de haber guardado el osito en su cuarto, volvió a la calle. Esta vez caminó fuera del distrito central. Llegó a una gran iglesia blanca al estilo de las de Nueva Inglaterra. Las puertas del frente estaban abiertas, y flotando en el aire nocturno se escuchaban las notas del "Ave María". Se detuvo extasiado; luego subió las gradas hacia la iglesia. Allí, al final de los pasillos iluminados con velas, se veía una escena viva de la Navidad. A un lado, una hermosa joven de cabello oscuro, con los ojos iluminados con la ilusión del momento, entonaba el mismo canto que Catalina había entonado cuando por primera vez la escuchara cantar. La joven exhibía la misma intensidad, la misma sinceridad y olvido de sí misma.

Cuando el canto alcanzó los últimos compases, y la voz cristalina de la cantante parecía mezclarse con la de los ángeles celestiales, sintió que un escalofrío le recorría la espalda; cuando la última nota se desvaneció en el infinito, vino un silencio profundo... y luego estalló una tormenta de aplausos.

Juan cerró los ojos, conmovido, pero a la vez atormentado por lo que acaba de experimentar, por lo que la cantante le recordaba, y por el significado del amor y sacrificio de esa madre de dos mil años atrás.

Salió del santuario y se encaminó calle abajo, kilómetro tras kilómetro, hasta haber dejado atrás la zona residencial. Continuó caminando; no se detuvo hasta que las luces de la ciudad se apagaron tanto que ya no le impedían ver las estrellas. Al mirar hacia el gélido cielo de diciembre, por primera vez en tres semanas traumáticas, se escudriñó a sí mismo.

Y no le gustó lo que vio.

Grabadas para siempre en las profundidades de su memoria, se hallaban las terribles palabras que había dicho a la mujer que le había entregado su vida. ¿Cómo pudo ser tan cruel... aunque ya no la amara? Eso lo hizo enfrentar el resto de su vida. La pregunta, la respuesta, y lo que haría, de una forma u otra afectaría dramáticamente a cada miembro de su familia inmediata, desde ahora hasta el día en que cesaran de existir.

¿Cuál seria su respuesta?

———

¡Estaba nevando! Por primera vez en diez años, declaró el locutor, habrá nieve en Navidad. Los limpiaparabrisas llevaban el ritmo con Bing Crosby, quien resucita en diciembre sólo para cantar "I'm Dreaming of a White Christmas" (Sueño con una blanca Navidad). El nudo en su garganta era casi más de lo que podia soportar. ¿Seria ésta una Navidad "igual a las que conocí"? ¿Podría ella recibirlo de nuevo? ¿Consideraría siquiera la posibilidad?

Aunque estaba tan cansado por haber pasado despierto toda la noche, y por la búsqueda frenética de espacio en las aerolíneas, se sentía demasiado tenso como para sentir sueño. El viaje había sido muy ruidoso, y el llanto de un bebé enfermo en un asiento detrás del suyo se había encargado de mantenerlo despierto todo el camino. Había alquilado un auto, y ahora... su corazón le palpitaba más fuerte con cada kilómetro que pasaba.

Ahora que había desechado lo más precioso de su vida: su esposa y su hija, ni siquiera tenía un hogar. Tardíamente, se había dado cuenta que sin ellas, los cielos en su vida perderían su azul. Qué raro que su mente hubiera combinado el gris de sus cielos personales con el color gris acerado de la mirada de Caty cuando le mencionó el divorcio: el azul de ambos era ahora tan plateado —y frío— como el hielo y la nieve que adornaban los árboles que pasaba por el camino.

La carretera estaba cada vez más resbalosa por el hielo y en varias ocasiones se escapó de tener un accidente. Ocasionalmente un vehículo giraba descontrolado frente a él, pero de alguna manera se libró de chocar.

¡Por fin! Los límites de la ciudad. Casi no podía sujetar su agitado corazón, que procuraba escaparse de su pecho.

No se acordaba que el camino hacia su casa fuera tan largo. Por fin dobló en la última esquina... Todo oscuro: ¡No había luces, no estaba el auto! Trató de controlar el pánico mientras llegaba patinando frente a su garaje, salía del auto, y corría hacia la puerta trasera, luchando con el viento helado y la nieve. Adentro todo parecía normal; nada indicaba que Caty y Julia hubieran salido en un largo viaje.

¡Tal vez estaban en casa de sus padres! Volvió con rapidez a su auto, y manejó velozmente para salir del pueblo, con la esperanza de encontrarlas en casa de sus padres. No confiaría su destino a una llamada telefónica.

Una hora después vio la alegre iluminación en el hogar de sus padres. Por la ventana del frente podía ver las luces multicolores del árbol de Navidad. Y allí, delante, estaba el automóvil de su esposa.

Pasó de largo, luego dio vuelta en un callejón con las luces apagadas mientras se acercaba de nuevo a la casa. Su corazón ahora parecía latir a martillazos dentro de su pecho. Se sacudió la ropa y los zapatos, y muy despacito abrió la puerta de atrás y caminó por el pasillo oscuro.

Escuchó la voz de una niña que cantaba. Se detuvo en la esquina de la antesala. Las lámparas de gas, como siempre, le prestaban al ambiente una serenidad ensoñadora. Sus padres, sentados en el sofá, escuchaban absortos cómo su nieta cantaba suavemente, arrodillada al lado del establo del nacimiento:

"Noche de paz, noche de amor,
Todo duerme en derredor..."

Rodeaba a la niña una atmósfera de etérea belleza, perdida como se encontraba en el mundo de Belén.

"¡Oh, Dios —oró—, guárdala del mal, del dolor, de crecer muy pronto!"

Luego, como una espada en su pecho, lo traspasó la convicción de que él, su propio padre, era quien la había desamparado, le había negado la protección que los niños necesitan tan desesperadamente para retener sus ilusiones, esa confianza infantil sin la que ninguno de nosotros llegaremos al cielo.

La dulce, pero ligeramente temblorosa voz, continuó casi como en un susurro cantando:

"Brilla la estrella de paz,

brilla la estrella de paz".

Su corazón se desgarraba mientras observaba cada pulgada de esa florecita del amor que él y Caty habían plantado. ¡Qué poco costaría destruir ese frágil capullito!

Se preguntaba lo que le habrían dicho a su hija. ¿Lo amaría todavía? ¿Volvería a confiar en él completamente?

Al terminar el precioso himno de Schubert, Julia se dejó caer al nivel de las figuras del nacimiento, y con la cabeza hundida entre sus codos, fijó la mirada en otros tiempos.

Juan volvió ahora la vista hacia una versión mayor de Julia. Caty se apoyaba en el marco de la ventana. Llevaba una bata rosada que a la luz vacilante de la leña que ardía en la chimenea, revelaba una belleza de rostro y figura. Pero su expresión mostraba una desolación total que Juan jamás había visto. En todos los años que siguieron, esa imagen de sufrimiento permaneció indeleble en su memoria; jamás pudo olvidarla.

¡Cuán cansada y abatida se veía! Una lágrima rodaba por esa mejilla que tanto le había gustado besar.

¡Oh, cuánto la amaba!

No pudo soportar más la demora. Silenciosamente, se acercó a ella. ¿Sería demasiado tarde?

De pronto, ella sintió su presencia y desprendió la vista de la nieve que caía para mirarlo a él. Demoró el momento de la verdad evitando al principio que sus miradas se encontraran... luego, muy despacio, levantó sus ojos heridos y lo miró en busca de una respuesta.

¡Qué alivio lo envolvió al ver cómo los de ella se ensanchaban, inundados por la marea de amor que llenó, rugiente, el abismo de dos metros de largo que los separaba! De hecho, fue tal su emoción que ninguno pudojamás recordar cómo cruzaron esa distancia; sólo que, a través de sus lágrimas, él repetía una y otra vez, mientras la estrechaba entre sus brazos: "¡Oh, Caty! ¡Oh, Caty! ¡Perdóname, Caty, te amo! ¡Te amo tanto!"

Y ahora había tres siluetas en la ventana —sin contar el osito de felpa cubierto de nieve—, que olvidándose del resto del mundo, se encontraban absortos en su propio cielo recobrado.

Afuera, la nieve de Nochebuena no dejaba de caer.

LA NAVIDAD ES PARA LAS FAMILIAS

Lois Hansen

Cuán a menudo nos preocupamos sin necesidad por la apariencia de nuestro hogar cuando esperamos visitas que deseamos impresionar, sólo para descubrir que cuando en el círculo familiar se manifiesta el amor, se produce un resplandor mágico que lo adorna todo mucho mejor que cualquier invalorable antigüedad que poseamos. Este relato en particular, escrito por una buena amiga de la familia, ha sido por mucho tiempo uno de nuestros favoritos, porque ilustra no solamente una casa, sino un hogar.

Marta Dean luchaba con su problema durante la confusión de lo que era el desayuno regular de la familia.

Mientras tostaba, revolvía y freía para complacer los gustos individuales, no estaba completamente concentrada en la conversación familiar que ocurría a su alrededor. Su mente estaba ausente, pero sus hábiles manos realizaban en forma automática sus tareas, dejando su mente libre para analizar todos los ángulos del problema que la atormentaba.

Por fin las crisis menores se habían resuelto. Santiago, su esposo, había encontrado su carta perdida; a Orlando se lo había convencido de usar su impermeable; y el sello postal que Gina necesitaba había aparecido por arte de magia. Orlando fue el último en salir, y cuando detrás de él sonó el portazo, Marta alzó a Pedrito de su silla y comenzó a darle su cereal en la boca.

Pedrito miró a su mamá y comenzó a reirse como si todo fuera muy divertido. Marta le sonrió a su hijito menor, pero con el rostro preocupado. "No es broma, hijito, de veras que no sé qué hacer. El problema parece agrandarse cada vez más. Si tu hermano mayor, Larry, no se hubiera casado con una chica que siempre lo tuvo todo, quizás no me afectaría tanto. Pero con todo a lo que Paquita está acostumbrada, ¿cómo podré invitarlos a ella y a Larry a visitarnos en esta casa tan vieja? Peor todavía, si Larry no viene para Navidad..."

Marta hizo una pausa. Y además está el asunto de Gina. Tal vez era una bendición disfrazada que Roberto la hubiera invitado a pasar unos días con la familia en la cabaña que sus padres mantenían para esquiar. De lo contrario podría desanimarse al ver cómo vivía la familia de su novia.

Marta dio una mirada a la pila de trastos sucios que la esperaban, e hizo un pequeño gesto de desagrado. Luego le dijo a Pedrito en tono decidido: "Vamos a pasar revista a esta monstruosidad para ver si dentro de las semanas que quedan podemos hacer algo por convertir esta casa en el lugar soñado. Quizá entonces me sienta a gusto invitando a mis hijos mayores, tan modernos, y a sus amigos ricos, para Navidad".

—Nababab —balbuceó Pedrito, mientras la madre le abrochaba un suéter rojo y salían a tomar el aire fresco de la mañana.

Marta caminaba a lo largo del senderito de ladrillos.

No debería avergonzarme de mi jardín, pensó.

El morado profundo de las petunias y las primorosas formaba un lindo cuadro contra el verdor del pasto. Nuevos capullos
estaban por brotar, y la poinsettia presentaba una vista muy hermosa al destacarse contra la blancura de la pared.

*Si tan sólo pudiéramos ser como Adán y Eva, y vivir en jar-
dines, sin casas*, pensó Marta.

Volvió su mirada a la puerta y se imaginó que observaba la
casa con los ojos de Paquita y de Roberto. Después de todo, ellos
eran los que notarían más su fea apariencia. Larry y Gina habían
crecido allí. Conocían el lugar de memoria. Pero por supuesto,
no sería raro que ahora la encontraran fea, después de haberse
acostumbrado a las casas hermosas de sus amigos.

Los ojos grises de Marta recorrían el objeto de su preocupación. No, no había esperanza de mejoras. La estructura de la
casa no pertenecía a ninguna era en particular. El piso de arriba
descansaba en el centro del techo como el mejor sombrero de una
solterona. Las numerosas ventanas eran pequeñas y estaban muy
en alto. *Algo como esos espejuelos antiguos que usaba el tío Jorge.*
Sonrió al acordarse de él.

La blanca pintura brillaba a veces con el sol y la puerta de
cedazo del frente estaba un poco torcida, víctima de los frecuen-
tes golpes que le propinaban los chicos apurados por salir.

¡Y ese patio de atrás! Marta cerró los ojos y deseó poder solu-
cionar instantáneamente el problema del patio. Pero las arvejas
plantadas contra el lado del garage lucirían hermosas en la primavera y ayudarían a suavizar el panorama.

Justo a tiempo, Marta rescató a Pedrito de un charco que la
reciente lluvia había dejado. Su tibia manita descansaba en la
de Marta mientras ella le decía: "Pedrito, vamos arriba a mirar
el mar; mientras tanto procura descubrir alguna magia para

transformar esos viejos dormitorios en unos como esos que aparecen en las revistas".

En el segundo piso, se detuvieron por un momento y Marta contuvo la respiración al ver la belleza e inmensidad del cuadro que le mostraban sus ojos. "Esta parte del Océano Pacífico debe ser el lugar más hermoso del mundo" —se dijo a sí misma.

Las graciosas ramas de los árboles de eucalipto a la orilla del agua hacían formaciones contra el gris del cielo, y más allá, contra la orilla del acantilado, el océano se extendía, se arrollaba, y proyectaba con fuerza cortinas de espuma hacia la altura.

Volviéndose al estrecho pasillo, Marta abrió todas las puertas y las volvió a cerrar rápidamente.

La larga enfermedad de Santiago y el viaje al Este de los Estados Unidos para la boda de Larry, eventos tan próximos el uno del otro, consumieron todo lo que habían ahorrado para remodelar esos cuartos.

Al volver al piso bajo, Marta se puso el delantal y comenzó a meditar en las bendiciones recibidas mientras por fin lavaba los platos del desayuno. "Creo que no es posible tenerlo todo, y el bienestar de Santiago vale más que todo un barrio de casas lindas".

Esa noche Marta conversó con Santiago acerca del problema.

—Si tan sólo tuviera cortinas nuevas para la sala —sus-piró—, éstas le dan mala vista a la casa.

—Lo sé, querida, también a mí me gustaría cambiarlas —le contestó—. Pero todos los compromisos parecen juntarse para Navidad: los impuestos, el seguro, todo. Este año también tenemos el viaje de Gina por delante. Tal vez podamos cambiarlas el año entrante.

Marta asintió:

—Supongo que sí, pero sería lindo arreglar toda la casa ahora que todos los chicos estarán bajo el mismo techo.

—Los padres también tienen sus momentos de nostalgia —contestó Santiago—. Tal vez no siempre digo mucho, pero me recuerdo a menudo cuando Larry y Gina eran pequeños, y me gustaría que fuera así este año. Pero querida, si van a venir, tendrá que ser con la casa como está.

———

En las semanas que siguieron, en las esquinas de las calles comenzaron a verse arbolitos de Navidad. En las ventanas de las tiendas comenzaron a brillar los adornos de luces, los padres salían de compras con sus niños excitados, y hasta la casa vieja cobró un aire festivo.

En las ventanas de abajo colgaron adornos, y el gran árbol que Santiago y Orlando habían traído de las colinas, exhibía con orgullo sus antiguos adornos y brillantes luces.

La espaciosa cocina comenzó a llenarse con los sonidos y aromas de Navidad. Todos ayudaban a quebrar nueces para las galletas y el pastel de frutas que Marta enviaría a Paquita y Larry. Se llenaban frascos de nueces y dulces para regalos. Las recetas que la abuelita de Marta había usado, se usaban nuevamente.

Pedrito estaba en el camino de todos y lo abrazaban y besaban cien veces al día. Los ecos de cien villancicos de Navidad se escuchaban fuera de la casa mientras Gina enseñaba a sus dos hermanitos las mismas antiguas canciones que ella y Larry habían aprendido, con su imaginación flotando en nubes color de rosa mientras sea cercaba el momento cuando vería de nuevo a su Roberto.

El día antes de Navidad, llegó un regalo de Paquita y Larry. El corazón de Marta dio un vuelco mientras desenvolvía un hermoso cuadro de Jesús y sus discípulos en camino a Emaús.

—¡Oh, mamá! —exclamó Gina.

—¡Qué bonito! —dijo Santiago, admirando el cuadro.

—¿Dónde lo vamos a colgar, mamá? —preguntó Orlando, siempre práctico.

Pedrito sólo se reía mientras envolvía su cabeza con el papel de la caja y pedía que todos jugaran al escondite con él.

—¿Sabías tú de esto, Gina? —preguntó la madre, con una mirada sospechosa.

—No, no sabía, mamá, pero qué lindo es, ¿no es cierto?

—Es lo que siempre deseaba —suspiró Marta, muy contenta—. ¡Qué tiernos son! Pero —agregó con ojos humedecidos—, cómo me gustaría que estuvieran aquí para disfrutarlo con nosotros.

—¿Saben? —gritó Santiago, dando una mirada al reloj—, ¿No había alguien que tenía que tomar el tren? ¡Mira el reloj, Gina!

—Oh, papá, Roberto se muere si lo pierdo. Habíamos planeado quedarnos con sus padres esta noche y luego mañana salir todos hacia Tahoe.

—Lo pasarán bien —dijo Marta en camino a la estación—. Vamos a echar de menos a nuestra niña en Navidad, pero a juzgar por las estrellas que asoman a tus ojos, tu Navidad será muy feliz.

Después que Gina se fue, la casa quedó silenciosa. Marta y Santiago leían los antiguos relatos de Navidad a los niños menores y los ayudaban a colgar las infaltables medias de Navidad. Y cuando toda la familia se hubo acostado, las lágrimas humedecieron los ojos de Marta mientras oraba por los amados que no estaban en casa esa Nochebuena.

El sonido de las campanas los despertó, la mañana de Navidad. Marta permaneció tranquila escuchando el mensaje de sus repiques, hasta que un grito proveniente del piso bajo la sobresaltó. Orlando había encontrado su juego de piezas para armar y Pedrito tiraba su nuevo vagoncito por todos lados, descubriendo en los viejos muebles nuevos lugares para rayar.

Después del desayuno, Santiago llevó a los niños a la playa y Marta quitó las montañas de papeles, tratando de no sentir lástima por sí misma. Las ocupaciones que requerían la preparación de la cena de Navidad para tres personas hambrientas evitaban un poco que se sintiera solitaria.

Los niños regresaron de la playa y cansados de jugar, durmieron una siesta antes de la cena. Santiago aprovechó la repentina tranquilidad para mirar algunas de las revistas de noticias que en los días de trabajo no tenía tiempo para leer.

—¡Qué maravillosa es la paz! —dijo, guiñando el ojo a Marta que, robándole tiempo a la cocina, descansaba un momento entre sus brazos en espera de un beso navideño.

—¿No te parece que se ve bien la casa, querido? Las cosas de Navidad esconden mucho y los rayones ya no se verán. Nadie tendrá ojos más que para nuestro hermoso cuadro—dijo Marta mientras miraba con orgullo a su alrededor.

—¿Te gusta? —preguntó Santiago—. Me parece que la tarjeta que lo acompañó también es muy hermosa.

—Sí, lo es. Pero ¿sabes lo que yo más deseo?

-—¡Por supuesto que sí! Me doy cuenta que eres una madre incurable, y si tus pollitos no están contigo, se te caen las alas.

La mesa lucía hermosa con el arreglo central de una vela gruesa entre ramitas verdes que Gina había hecho. El hermoso y bien planchado mantel era uno que se había gastado a través de los 25 años desde que Marta se había casado. Y Santiago había pulido los utensilios de plata hasta que brillaban reflejando el suave resplandor de la vela.

El delicioso asado de nueces, adornado por las pequeñas perlas de cebolla y la abundante fuente de puré de papas junto con los encurtidos hechos en casa y la ensalada de frutas que Marta sabía preparar con tanta especialidad, hacían agua la boca de Santiago mientras aseguraba a Pedrito a su silla alta y se sentaba a la cabecera de la mesa.

—Aquí hay comida suficiente para alimentar a un ejército. Querida, vas a tener que recordar que tu familia está disminuyendo cada vez más.

Marta sonrió y dio una mirada a la mesa para asegurarse que todo estaba en orden. Se sintió complacida de ver que Orlando se había lavado sus manos y la cara sin tener que recordárselo.

Los niños inclinaron sus rostros y la voz grave de su padre pidió la bendición de los alimentos y de los que no estaban con ellos en ese día.

Y cuando el "Amén" fue pronunciado, se escuchó el pedido ansioso de Pedrito que le sirvieran puré de papas.

—Santiago, ¿es idea mía, o se escuchó la llegada de un auto?— Marta se detuvo cuando estaba por vaciar el puré en el plato de Pedrito.

—No escuché nada —contestó Santiago—. Orlando, ¿quieres salir a ver?

Los ojos de Orlando parecían desorbitársele en su carita pecosa cuando volvió de afuera.

—¡Papá, mamá! ¡Llegaron!

Marta estaba a medio levantarse de su silla cuando Santiago habló:

—¿Quiénes llegaron, hijito?

—Gina, Larry, Paquita y ese muchacho que Gina fue a ver. Marta no alcanzó a llegar a la puerta cuando los brazos ansiosos de Larry le rodearon la cintura. Paquita estaba a su lado.

Cuando Marta se volvió a mirar a Gina, la chica dijo tímidamente: "Mamá, este es Roberto". A Marta le pareció bien lo que sus ojos veían.

Santiago nunca se había sentido tan feliz como cuando su hijo mayor palmeó su hombro y le dijo cuán feliz se sentía de estar en casa.

Orlando danzaba como un indiecito salvaje, y sólo la mirada de reproche de su mamá evitó que lanzara un grito de guerra. Pedrito corrió a traer su vagoncito rojo para mostrárselo a Paquita.

La cena fue maravillosa, dijeron los hijos, y Paquita parecía haberla disfrutado más que todos. Orlando y Roberto descubrieron gustos afines por los modelos de aviones; ahora Orlando pasó a tener otro héroe además de Larry.

Después de lavar los platos y echar otro leño en la chimenea, Marta y Santiago escucharon toda la historia del suceso.

—Todo comenzó con Gina —dijo Larry—. Nos escribió después del día de Acción de Gracias y nos dijo por qué mamá no se animaba a invitarnos a venir para Navidad.

—¡Oh Gina!—dijo Marta, abochornada hasta las raíces de su cabello gris.

—Claro —dijo Gina—, mamá se sentía avergonzada por la casa vieja, pero lo que le dije a Paquita fue que cuando viera el calor familiar y el amor que brotan por las rendijas de este lugar tan viejo, ella no notaría nada más.

—¡Hurra! ¡Esa es mi chica! —dijo Roberto—¿Se dan cuenta por qué estoy enamorado de ella?

—Roberto, creo que nosotros sabemos mejor que nadie por qué —dijo Santiago, una vez que se calmaron las risas.

—¡Pero, el lindro cuadro! —Marta miró a Paquita—. ¿Por qué lo mandaron si planeaban venir?

—La carta de Gina llegó al día después que enviamos el regalo —contestó Paquita—, y en seguida Larry hizo las reservaciones para viajar.

Paquita miró a Larry y agregó:

—Sólo un hogar tan especial como éste pudo haberme dado un esposo tan amoroso y especial como Larry, y me siento feliz de pertenecer a él.

—Nosotros también —dijo Marta. Luego se volvió a mirar a Roberto—. Pero hay otro misterio. Yo pensé que tú y Gina iban a ir a Tahoe para esquiar. ¿Cómo es que están tan lejos de allí?

—Muy sencillo. Cuando Gina me dijo que Paquita le había escrito y que planeaban venir, pensé que le gustaría estar con su familia. Por eso estamos aquí —dijo Roberto con una sonrisa—. Habrá oportunidad de esquiar hasta mayo, pero Navidad sólo es una vez al año.

—¿Puedes tocar el piano, mamá, mientras cantamos los villancicos? —sugirió Larry.

—¡Oh, no! No puedo, Larry. No he practicado por mucho tiempo y cometo muchos errores. De hecho, Gina me dijo el otro día que soy la única persona que conoce que puede tocar una clave distinta con cada mano.

Todos se rieron.

—Pero nos gustaría que lo hicieras como cuando éramos chicos —suplicó Larry.

Marta los tocó todos, desde "Los tres reyes magos" hasta "Jingle Bells". La vieja casa parecía unirlos más mientras las voces entonaban las melodías de Navidad. Hasta la vocecita de Pedrito se escuchaba, cantando con entusiasmo, "Noche de Paz, Noche de Amor".

Por fin el fuego de la chimenea comenzó a apagarse y las oraciones de la noche unieron más a la familia.

Paquita y Larry se fueron a acostar en el antiguo dormitorio de Larry; a Roberto le dieron un cuarto donde pudiera escuchar el sonido de las olas romper en la playa y soñar de cuando él y Gina pudieran formar un hogar tan feliz como el de sus padres.

———

A las dos de la mañana la vieja casa estaba nuevamente en silencio. Santiago se despertó sorprendido. Marta no estaba a su lado. Se incorporó en el lecho. Durante 25 años había podido palpar a su lado y sentir su presencia cada noche. Luego se acordó y se volvió a hundir en sus almohadas. Todos los hijos estaban en casa, y seguramente Marta había recaído en sus viejos hábitos, asegurándose de que todo andaba bien.

Arriba, Marta se detuvo por un momento junto al cuarto de su hijo y de la chica que amaba. El ritmo de su tranquila respiración le indicó que todo estaba bien.

La vieja cama en el cuarto de Roberto rechinó súbitamente. "Sin duda sueña con Gina —pensó Marta—. Sería lindo que se casaran en junio".

En el piso bajo, la cabeza oscura de Gina se apoyaba ligeramente hacia un lado sobre la almohada; la mano con el reloj que Roberto le había dado yacía debajo de su mejilla.

Orlando nunca permanecía tapado, y Marta lo cubrió y lo besó suavemente.

En su cuna, Pedrito dormía como un angelito de Navidad. La luz de la luna formaba una aureola en su cabecita dorada.

Marta volvió silenciosamente a la cama.

—Ya casi todos crecieron, mujer —le dijo Santiago, en son de broma—; no necesitas seguirlos tapando el resto de sus vidas.

Marta suspiró llena de gozo.

—Oh, Santiago, ¿habrá otra familia tan feliz como la nuestra? Las casas realmente no importan, lo que vale es el amor que hay en ellas.

ECOS DE NAVIDAD

Les Thomas

A todo nuestro alrededor, en los laberintos interiores de las personas con quienes nos encontramos, existe alguna tragedia. En la raza humana el dolor es universal; y pareciera ser una ley inexorable de nuestro planeta, que tarde o temprano a una gran felicidad le sigue un gran dolor. Es como si en algún lado hubiera algún encargado de llevar la cuenta, anotando, anotando, anotando. Cuando la disparidad en las cifras se hace demasiado grande... ¡Tras! El techo se desploma.

En este relato maravilloso, a través de un velo de lágrimas, Tomás crea un arco iris en la niebla. Duró sólo un momento, pero ciertos momentos valen lo mismo que varias vidas completas.

Buenas tardes, y felices fiestas. La temperatura es de 2 grados centígrado, con cielos nublados. El Servicio Meteorológico Nacional predice un 30 por ciento de probabilidad de que esta noche caiga una nevada. Podría ser nuestra primera Navidad blanca en 41 años".

La voz de la radio sobresaltó al anciano que había estado durmiendo en su sillón tapizado, junto a la chimenea. Tosió, se frotó el rostro y contempló las brasas llenas de pequeñas llamas que subían y bajaban, desganadas.

Una palabra de la transmisión capturó su atención. Nieve.

"Siempre dicen lo mismo—rezongó—. Pero no veo cómo podría nevar. No hace suficiente frío. Lo dudo. Lo dudo mucho".

De todos modos, la posibilidad fue suficiente para que se estirara y pusiera de pie, inseguro. Caminó lentamente sobre el piso sin alfombrar de la sala, y corrió las cortinas para mirar hacia el césped. Al otro lado de la calle, luces rojas, verdes y amarillas brillaban en el techo de la casa de los Williams, y enmarcaban la ventana frente a un árbol decorado de blanco. El anciano podía ver a Williams, con su hijita en sus brazos, y a su esposa que terminaba de añadirle los últimos adornos al arbolito navideño. El viento norte agitaba los árboles y empañó la ventana por la cual miraba. El anciano estiró el cuello para ver lo más lejos posible en ambas direcciones. No se veían ni rastros de un copo de nieve.

Se volvió, y su mirada se posó por un momento en la fotografía que estaba en el marco de plata sobre el piano. En ella había dos personas. Una era una dama de aspecto agradable, con cabello castaño, vestida con un anticuado abrigo de invierno y zapatos de tacón alto. La otra era una niña de unos 6 años de edad. En la foto, la señora sostenía a la niña de la mano. En el suelo había nieve.

Brubaker tenía 72 años de edad. Mucho tiempo atrás, se había hecho la promesa de que trataría de no pensar tanto en las personas que aparecían en la foto. Pero nunca se preocupó de mantener su promesa durante la Navidad. Cruzó de nuevo el cuarto y se sentó, mirando fijamente el rescoldo. Por lo general, a Brubaker no le gustaban los ensueños. Era una lección que había aprendido. No es bueno dejar que la mente divague. Es malo soñar. Llegó a aceptar que, en cierto sentido, eso lo había transformado en forma lenta, casi imperceptible, en grados menguantes de ira en los años que habían pasado desde que perdiera a Emilia y Julia.

Por fin, Brubaker logró aceptar la muerte. "Sí —pensó—, la muerte es una realidad. Es la verdad". En lo que ya no se podía confiar era en la vida. "Sólo un loco podría confiar en eso —rabió en cierta ocasión—, y si uno lo hace, la misma vida lo vuelve loco".

Llegó a creer esas cosas no súbitamente, sino a través de muchos años. En el caso de la música fue distinto. La dejó casi enseguida.

El día después del accidente, Brubaker renunció a su puesto como director de la banda de la escuela secundaria. Más tarde, obtuvo un trabajo en la acería, contento de poder ahogar la melodía de su vida en la cacofonía de las fraguas y martillos. Del mismo modo, sin remordimientos, se deshizo del montón de discos. Un día tomó calmadamente un martillo e hizo trizas todos los discos negros que él y Emilia habían comprado con tanto sacrificio. A continuación reunió toda la música impresa y los manuscritos, y rápidamente los rasgó todos. Allí quedó todo en un montón, la colección de dulces melodías de los años treinta, todo lo de Harry James, los Dorsey, Glenn Miller y Artie Shaw.

Dos cosas sobrevivieron la purga de la música en la vida de Brubaker. Una fue el piano de Emilia. La otra fue una trompeta plateada que descansaba en su estuche, en un estante del armario del dormitorio. Brubaker no podía explicar por qué los había conservado. De hecho, una vez había procurado deshacerse también de ellos, pero por alguna razón volvió, avergonzado, y pidió que se los vendieran de vuelta. Se dijo que ya no eran instrumentos capaces de producir música, sino sólo monumentos. Monumentos silenciosos. Reliquias desprovistas ya de alma o de corazón. Nunca más, decidió Brubaker, tocarían melodías que se burlaran de él y le recordaran el engaño de felicidad que había terminado en esa catástrofe insoportable.

Brubaker sintió repentinamente una oleada de frío. Se estremeció y tosió. Se levanto y caminó hasta la cocina, encontró la botella de la receta, y lentamente vació las últimas gotas en una cucharilla. Echó una ojeada al reloj de la cocina. Eran casi las 9:00. "Quizá no sea demasiado tarde para conseguir más", se dijo. Sacó una guía de teléfonos delcajón y sus lentes del bolsillo de su suéter, y se los colocó distraídamente. Luego comenzó a hojear las páginas: "Dentistas... escuelas... farmacias... Farmacia Albertson... Farmacia Central... Farmacia Smith".

———

Reumático y más allá de la edad normal de jubilación, Samuel Benjamin Smith caminaba casi doblado en dos, y su cabeza oscilaba a cada paso. Tenía el cabello blanco y usaba un par de anticuados bifocales equilibrados precariamente en la punta de su nariz, y siempre que pasaba algo fuera de lo común, los ojos de Sam Smith se elevaban lentamente por encima de los lentes, como reflectores, buscando la explicación del suceso.

Cuando Sam colgó el teléfono, los reflectores estaban iluminados. Se volvió con la cabeza oscilante y lentamente comenzó a buscar entre la colección de frascos y botellas que llenaban los estantes del laboratorio, en la parte trasera de la antigua farmacia.

Frente al negocio, Guillermo barría las últimas señas del ajetreo típico de la víspera de Navidad. De pronto, oyó que Sam lo llamaba. Guillermo tenía 17 años de edad, y cursaba el último año de su educación secundaria. Había estado empleado por casi tres años en la farmacia del Sr. Smith, y el trabajo le gustaba. Muchas veces Sam le había dicho que era el mejor ayudante que había tenido. Hasta los clientes decían que Guillermo tenía un talento natural para ser farmacéutico.

Ya tenía la oferta de una beca completa para estudiar ciencia en el colegio estatal. Después tendría que ir a la escuela de farmacia. Quién sabe, hasta podría seguir con el negocio de Sam.

Así pensaba Guillermo. Después de todo, tenía un talento natural para eso.

Lo único que podía hacer igualmente bien era tocar la trompeta. En la banda de la escuela ocupaba la posición de primer trompetista. Además, tocaba con un grupo de músicos mayores, que actuaban los fines de semana, e interpretaban música bailable. Pero con esa clase de música no podría ganar lo suficiente como para mantenerse. Los días de hacer eso habían pasado, y Guillermo lo sabía. De todos modos, era divertido tocarla. Mientras caminaba hacia el interior de la tienda, surgió en su mente un pasaje difícil que el grupo había estado practicando.

Sam estaba llenando un frasquito de color café con un brebaje espeso. "Parece que tendrás que hacer una entrega más —dijo Sam, mirándolo—. Quiero que le lleves esto a Ed Brubaker, de la calle Los Encinos. Es la casa vieja de ladrillos que está en la esquina, frente al depósito". Sam enroscó la tapa y estudió a Guillermo, mirando por encima de los lentes. El muchacho silbaba quedamente, practicando la melodía que había surgido en su mente. Cuando vio que Sam lo miraba, guardó silencio.

"Este sí que era un músico —comentó Sam, moviendo la cabeza y dando unos golpecitos al frasco de jarabe para la tos—. El viejo Ed Brubaker, cuando era joven, estaba a la altura de los mejores músicos. Hasta se rumoreaba que le habían ofrecido irse a Nueva York con uno de los grandes conjuntos. En esos tiempos se tocaba música de veras. Para Ed, la música era su vida entera. No había hombre más feliz que él. ¡Hasta hizo que la banda de la escuela sonara como una orquesta completa! Esos muchachos siempre andaban dándole serenatas a la ciudad. Ed se preocupaba de que siempre hubiera música. Semana Santa, el 4 de julio... todos los feriados, Ed siempre tenía la banda en funciones. Pero lo mejor de todo, absolutamente lo mejor, era la víspera de Navidad. Eso era algo especial. Todos se subían a esos antiguos automóviles y subían la moñtana. Toda la ciudad esperaba y escuchaba. Justamente antes de la medianoche, Ed levantaba la trompeta y empezaba a tocar, primero muy bajito, tan bajo que uno pensaba estarlo oyendo en sueños, y luego más y más fuerte. ¡Ah, Señor! La música era tan dulce que parecía como si el mismo ángel Gabriel lo estuviera llamando a uno.

"Después disparaban el viejo cañón de la escuela, exactamente a medianoche. Y así fue como sucedió la tragedia. Déjame pensar... era la Navidad de 1933... no; 1934. ¡Terrible suceso! Quizá la causa fue el frío o la nieve. Nunca lo supieron. El cañón simplemente les reventó en la cara. Ed fue el único que no sufrió heridas. La explosión mató a tres personas. Una era una alumna de la escuela. Las otras fueron la esposa de Ed y su hijita. Fue algo terrible, sencillamente espantoso. Después, Ed casi no ha hablado con nadie, aun después de todos estos días. Y nunca volvió a tocar música".

———

Afuera, Guillermo temblaba en el frío viento; subió a su bicicleta para hacer su entrega, a cuatro cuadras de distancia. Mientras pedaleaba, pensaba en lo que Sam le había contado acerca del hombre que esperaba el paquete que abultaba su bolsillo. Pasó frente a la sección de tiendas y negocios todavía llenos de gente que buscaba regalos a última hora, y se desvió por calles residenciales en la parte vieja de la ciudad. El viento helado le mordía la cara, y se bajó los bordes de la gorra de lana para protegerse. Helaba, pero no sentía apuro por conocer a ese hombre triste en vísperas de Navidad.

Finalmente, dobló en Los Encinos y se detuvo en la entrada de la pequeña casa de ladrillos con techo alto y empinado. La madera había sido pintada de verde, el ladrillo era de color rojo oscuro, y la casa ocupaba el frente de un patio con setos cuidadosamente mantenidos, Guillermo supuso, por alguien que disponía de tiempo en abundancia.

El hombre que abrió la puerta tenía puesto un suéter grueso y unos pantalones anchos de lana. Cuando le extendió el paquete a través de la puerta entreabierta, Guillermo lo vio titubear por un momento, y luego deslizar un objeto metálico en su bolsillo, como si quisiera esconderlo. A pesar de ello, Guillermo reconoció inmediatamente que lo que el anciano había tenido en la mano era la boquilla de una trompeta. El pensamiento le cruzó la mente como una pieza incongruente de un rompecabezas. Se sintió intrigado por el misterio. Mientras el anciano contaba el dinero, el muchacho lo miraba y procuraba que se le ocurriera algo que decir, que pudiera arrojar luz sobre el misterio. Quería decir algo, cualquier cosa. Pero, ¿qué? Luego, pasó el momento y fue demasiado tarde. El anciano sacó de su bolsillo un arrugado billete de cinco dólares, lo dobló una vez y lo puso en la mano del mensajero. "Esto es para ti—le dijo—. Feliz Navidad".

Guillermo no se fue directamente a su casa. Pasó por el centro y por la plaza. Las tiendas estaban cerrando y las calles se veían casi desiertas. Dio vuelta a una esquina y vio una pareja joven que balanceaban entre ambos a una niñita. La pequeña chillaba de placer, y los padres reían, complacidos. Dejando la plaza a sus espaldas, Guillermo avanzó una cuadra más y dobló hacia el este, en dirección a su hogar.

———

En la cocina, Brubaker destapó el frasquito y tomó otra dosis de la medicina para la tos. Guardó el frasco en el armario y miró nuevamente el reloj. Después se dio vuelta, caminó lentamente hasta la sala, y sacó un abrigo grueso del clóset. Quitando el pestillo de la puerta trasera, encendió la luz que iluminaba el pequeño jardin del patio de atrás, salió y se sentó en el banco que allí había.

Brubaker se reclinó contra el respaldo y cerró los ojos, dejando que sus pensamientos retrocedieran a Navidades del pasado, a celebraciones que hubieran podido suceder. Trató de imaginar a los tres unidos, riendo, felices. Brubaker suspiró tristemente y se encogió de hombros. En sus manos, la trompeta plateada reflejaba la luz de la luna. El viento había amainado, y la noche estaba tranquila y silenciosa. Era casi la medianoche. Brubaker volvió a cerrar los ojos. De pronto, escuchó algo.

En los primeros instantes era tan tenue, tan suave, que Brubaker pensó que estaba soñando; pronto, sin embargo, se dio cuenta de que no era así. Las notas eran claras y tiernas, como soplos de brisa, y venian indudablemente de la montaña. Con cada compás del villancico navideño, el llamado de la trompeta parecía crecer, como un coro que añadiera voces, semejante a la marcha triunfal de un ejército musical. Brubaker sentía que su emoción crecía con cada nota, hasta que las lágrimas inundaron sus mejillas. Entonces, como si estuviera en medio de un sueño, tomó la trompeta y, llevándosela a los labios, comenzó a tocar un eco de la canción de la montaña, un saludo al músico invisible. Juntas, las dos voces en armonía se elevaban sobre las notas, cada una llamando a la otra, derramando melodías sobre el pueblito silencioso.

Mucho después, en la cima del monte, Guillermo todavía podía oir el eco resonar en sus oídos mientras colocaba su trompeta en la caja y la cerraba cuidadosamente.

Al otro lado de la ciudad, cuando la música se desvaneció, Sam Smith se asomó a una ventana que daba a la parte delantera de la casa.

"Melinda, ven a ver—dijo—. ¡Está nevando!

Reproducido por cortesía del *Star Telegram*, de Fort Worth.

CIERTO PASTORCILLO

Rebeca Caudill

Este relato en particular, aunque no data más de una generacion atrás, va en camino de llegar a ser una historia clásica de Navidad. Una vez que se la ha leído en voz alta, la mayoría de las familias gozan repitiéndola vez tras vez, porque su mensaje nos habla a todos. Nos recuerda que nunca debiéramos ridiculizar a ningún niño ni su mundo interior, porque su concepto de la relación de Dios con el hombre puede estar más cerca del reino de Dios que el nuestro.

Este es el relato de un suceso extraño y maravilloso. Sucedió una mañana de Navidad, en Hurricane Gap, y no mucho tiempo atrás.

Pero antes de escuchar acerca de la mañana de Navidad, debemos escuchar acerca de la Nochebuena, porque es parte de la historia.

Y antes de escuchar acerca de Nochebuena, debemos escuchar acerca de Jaimito, porque sin él no existiría este relato.

Jaimito nació en una caprichosa noche de noviembre. Venía del norte una oleada de frío que de súbito apresó en su pesada mano el lugarejo de Hurricane Gap. En término de una hora la desnuda tierra se volvió frágil. El arroyo, Line Fork, se congeló en su lecho de curvas y descansó inmóvil, como una cuerda que alguien hubiera dejado caer al pie de Pine Mountain.

Nada sino el viento ululante azotaba el valle. Los animales salvajes se habían refugiado en sus cuevas. Las vacas permanecían echadas en sus establos. Las mujeres tapaban las rendijas de las puertas para evitar que se colara el intenso frío, y los hombres alimentaban las chimeneas con leña de encino y de manzano.

Al pie de la angostura, donde estaba la casa de Jaimito, el viento soplaba con mayor furia. Golpeaba las puertas de la casa, sacudía las ventanas, gemia como un fantasma en la chimenea.

—Es la mala suerte, de seguro, que trata de entrar —gimió la madre de Jaimito y volvió la cabeza hacia su almohada.

—La mala suerte no tiene entrada aquí —replico valientemente el padre de Jaimito, echando más leña en el fuego. Las llamaradas devoraban los troncos, rugiendo en la chimenea. Pero por encima de su rugir, el viento se escuchaba aún, aullando más alto.

El padre tomó al recién nacido del lado de su madre y lo apoyó sobre sus rodillas.

—¡Sara! —llamó—, ¡tú y Heidi, vengan a ver a Jaimito!

Las dos niñas salieron de las sombras del cuarto. Al resplandor del fuego examinaron la arrugada y pequeña carita roja que asomaba de la frazada.

—¡Es tan pequeño nuestro hermanito! —dijo Sara.

—Dale tiempo, ya crecerá —dijo el padre, orgulloso—. Cuando tenga 3 años, será tan grande como Heidi. Cuando tenga 6, será tan grande como tú. ¿Quieres sujetarlo?

Sara se sentó en el banco y el papá colocó el bultito en sus brazos.

Heidi estaba junto a Sara. Destapó la esquina de la frazada, abrió una de las manitas y puso su dedo en ella. Le sonrió al pequeño rostro en la frazada, y miró sonriendo a su padre.

Pero el padre no la veía. Estaba parado al lado del lecho de la madre, tratando de consolarla.

Esa noche murió la mamá de Jaimito.

Jaimito comía, dormía y crecía.

Como a todos los bebés, le salieron los dientes. Aprendió a sentarse solo y a gatear. Cuando tenía un año, empezó a caminar por todos lados, tal como lo hacen otros bebés. A los dos años, jugaba con palitos y piedras como los demás niñitos de su edad. Tiraba pelotas, construía torres de bloquecitos y los derribaba.

Jaimito podía hacer todo lo que los demás niños hacen, menos una cosa. No podía hablar.

Las mujeres de Hurricane Gap, sentadas junto a sus chimeneas movían la cabeza.

—Pobre mujer, debería haberlo frotado con manteca —dijo una de ellas.

—Debería haberlo restregado con una patita de conejo —dijo otra.

—¿No nació ese niño un miércoles? —preguntó una tercera—. "El que en miércoles nace, su desgracia se hace"—sentenció, citando de un viejo refrán.

—Jaimito consigue todo lo que desea con sólo señalar —observó el padre—. Dénle tiempo, ya aprenderá a hablar.

A los tres años Jaimito podía abrocharse los pantalones y amarrar sus zapatos. A los cuatro, seguía al padre al establo y llenaba de leche fresca la fuente de los gatos. Pero aún a esa edad, Jaimito no podía hablar como los demás niños. Sólo podía producir unos gruñidos guturales.

Un día el niño encontróuna camada de gatitos nuevos en una caja bajo la escalera. Corrió al maizal a decirle a su padre. Quería decirle que había estado buscando entre la caja una pelota que había perdido, y de pronto sus dedos sintieron algo caliente y suavecito y... ¡allí estaban esos gatitos! Pero ¿cómo se explica algo si cuando se abre la boca lo único que salen son gruñidos?

Jaimito comenzó a correr. Corrió hasta que llegó a la huerta. Allí se lanzó boca abajo entre la grama y se puso a patalear contra el suelo.

Cierto día, un amiguito de Heidi vino a jugar a la escondida. Jaimito jugaba con ellos. Como Claudio era el mayor, le tocó primero cerrar sus ojos y contar hasta 50 mientras los otros niños se esparcían para esconderse tras los árboles del patio y las esquinas de la casa. Después de haber contado hasta 50, el grito resonante anunciaba:

—¡Uno, dos, tres para Millie!

—¡Uno, dos, tres para Jaimito!

—¡Uno, dos, tres para Heidi!

—¡Uno, dos, tres, aquí vengo!

Llegó el turno de buscar a Jaimito. Se sentó en la grada de la puerta, se cubrió los ojos con sus manos y comenzó a contar.

—¡Escuchen a Jaimito! —dijo Claudio a los otros niños. Los otros se pusieron a escuchar. Todos comenzaron a reirse.

Jaimito se paró de su asiento en el escalón. Corrió hacia los niños y se puso a golpearlos con pies y manos. Heidi lo ayudó.

Luego Jaimito corrió a la huerta, se lanzó boca abajo entre el pasto crecido, y se puso a patalear en el suelo.

Más tarde, cuando el padre caminaba por la quinta, encontró a Jaimito tirado en el pasto.

—Jaimito —dijo el padre—, hay un ternero nuevo en el campo. Necesito que me ayudes a traerlo al establo.

Jaimito se levantó y se limpió los ojos. Mientras cruzaba la quinta, y luego por todo el campo, caminaba junto a su padre. En un lejano rincón encontraron la vaca. A su lado, balanceándose sobre sus patas inseguras había un ternerito.

Juntos, el papá y Jaime arrearon la vaca y su ternerito a un lugar vacío del establo. Juntos trajeron mazorcas de maíz para alimentar a la vaca. Juntos hicieron una cama de heno limpio para el ternerito.

—Jaimito —dijo el padre a la mañana siguiente—, necesito que me ayudes a cultivar el maíz. El padre le puso los arneses al caballo y alzó a Jaimito, sentándolo en el lomo. Fueron a los maizales, el padre caminando delante del caballo, Jaimito montado, sujetándose de las crines.

Mientras el padre araba, Jaimito caminaba tras él por el surco. Cuando el padre se recostaba a la sombra de un árbol de caquis para descansar, Jaimito se acostaba a su lado. El padre le enseñaba los nombres de los pájaros que volaban sobre ellos: el buitre que elevaba y ajustaba sus alas contra las nubes blancas, el cuervo que aleteaba con desgano y navegaba por el aire como un velero, y el halcón de afiladas garras que cruza los cielos planeando, rumbo a su percha en el bosque.

Al día siguiente, el niño le ayudó a su padre a desenterrar patatas. Otros días lo ayudaba a podar, o a remendar cercos. En todo lo que el padre hacía, Jaimito le ayudaba.

Un día el padre sacó el auto del cobertizo y lo paró frente a la casa.

—Jaimito —dijo—, ven súbete, vamos a Pine Mountain.

—¿Puedo ir yo también? —preguntó Heidie.

—No, hoy no —dijo el padre—. Voy a llevar a Jaime a ver al médico.

El médico miró la garganta de Jaimito. Escuchó los sonidos que hacía y movió la cabeza.

—Será mejor que vea al Dr. Jones—le dijo.

El padre y el niño se subieron al auto y se dirigieron a Big Black Mountain para ver al Dr. Jones.

—Quizás Jaimito pueda aprender a hablar —dijo el Dr. Jones—, pero tendría que ir a una escuela especial y pasar varios meses allí. Tal vez hasta dos o tres años, o cuatro. Eso es mucho tiempo —dijo el Dr. Jones.

—Y el bolsillo está vacío —dijo el padre.

Padre e hijo subieron al auto y se dirigieron al hogar. Por lo regular, el padre le hablaba a Jaimito mientras manejaba. Ahora, viajaron por todo Big Black y a través de Pine, sin que pronunciara palabra.

Cada año en el mes de agosto comenzaban las clases en la escuela de Hurricane Gap. El primer día de clases, cuando Jaimito tenía seis años, el papá le dio un libro, una pizarra, un lápiz y una caja de creyones nuevos y brillantes.

—Jaimito, hoy vas a ir a la escuela —le dijo—. Te acompañaré esta mañana.

Los vecinos los vieron caminar juntos hacia la escuelita de una sola aula.

—¡Pobre padre, tan necio! —decian, moviendo la cabeza—. ¡Tiene la esperanza de que ese niño que no vale nada llegue a ser algo en la vida!

La maestra, la Srta. Creech, también movió la cabeza con aire de duda. Con tantos niños, tantas clases, tantos grados, no tendría tiempo para atender a un niño que no podía hablar, le dijo al padre.

—¿Qué hará Jaime todo el día? —le preguntó la maestra.

—Escuchará —contestó el padre.

Así Jaime tomó sus útiles escolares y se sentó en un asiento vacio de la primera fila.

Cada día Jaime escuchaba. Aprendió las palabras de las páginas de su libro. Aprendió a contar. Le gustaban la lectura y los números. Pero lo que más le gustaba era la hoja de papel que la Srta. Creech le daba cada día. En ella escribía palabras en cuadritos, como los demás niños.Escribía números, hacía dibujos y los coloreaba con sus creyones. Podía decir cosas en el papel.

Un día la Srta. Creech dijo que Jaime tenía la mejor tarea del primer grado. Alzó el papel para que todos lo vieran.

En los días soleados, los niños jugaban a la pelota y otros juegos que un niño que no puede hablar puede jugar en el patio. Durante los días lluviosos jugaban adentro.

Un día de lluvia, los niños jugaban un juego de adivinar. Jaime sabía la respuesta que ninguno de los otros recordaba. Pero no podia decir la respuesta. Tampoco sabia cómo deletrearla. Sólo podia hacer señas para mostrar que la sabía.

Esa tarde, al llegar a casa, lanzó su libro a un rincón, y dio un portazo. Tiró el cabello de Heidi, y le retorció la cola al gato. El gato salió huyendo y se escondió bajo la cama.

—Jaime —dijo el padre—, los gatos tienen sentimientos como los niños.

Cada año, la comunidad de Hurricane Gap celebraba la Navidad en la iglesia de la torre blanca que quedaba al otro lado del camino, frente a la casa de Jaime. En la Nochebuena, los niños y las niñas presentaban un drama de Navidad. Gente de lugares lejanos venía a verlo, del otro lado de Pine Mountain y de los pueblecitos que rodeaban el arroyo y la quebrada. La Srta. Creech dirigía el drama.

A través de los días tardíos de otoño, cuando las hojas caían de los árboles, los días se acortaban y el aire crujía del frío, Jaime se preguntaba cuándo la Srta. Creech hablaría del drama. Finalmente, una tarde de noviembre, la Srta. Creech anunció que era tiempo de comenzar la práctica.

Jaime guardó su libro en su escritorio y escuchó con atención mientras la maestra asignaba las partes del drama.

La Srta. Creech le dio la parte de María a Juanita, que vivía en Pine Mountain, más allá de la cantera. Le pidió a Heidi que

trajera su muñeca grande para representar al Niño. Le dio la parte
de José a Enrique, que vivía a un extremo de un pueblito llamado
Laurelpatch. Pidió a Sara que fuera el ángel, y a Claudio lo eligió
para ser el mesonero. Escogió a tres niños grandes para que rep-
resentaran a la gente que vivía en Belén. El resto de los niños y
niñas, dijo, cantarían los villancicos de Navidad.

Por un momento Jaime ponderó el sonido de las palabras que
acababa de oir. Sí, la Srta. Creech esperaba que él cantara.

Cada día después de las clases, los niños y niñas caminaban
con la maestra hacia la iglesia para practicar el drama de Navidad.

Cada día Jaime se paraba en la primera fila del coro. El primer
día se quedó tranquilo. El segundo día empujó a Milly, que estaba
parada a su lado. El tercer día tiró el cabello de Heidi. El cuarto
día, cuando el coro comenzó a cantar, Jaime corrió hacia la ventana, tomó una pelota del antepecho y la hizo rebotar con fuerza
en el piso.

—Un momento, niños—dijo la maestra, y se volvió a Jaime.

—Jaime—le preguntó—, ¿te gustaría ser un pastor?

—Es muy pequeño—dijo uno de los pastores grandes.

—No, no lo es—dijo Sara—; si mi papá fuera pastor, Jaime lo
ayudaría.

Esa tarde Jaime se convirtió en un pastorcito. Después de
practicar, corrió a casa a contarle a su padre. El no podía comprender lo que Jaime le decía, pero sabía que su niño había sido
transformado en alguien muy importante.

Una tarde, a la hora de la práctica, la Srta. Creech dijo a los niños:
"Olvídense de su nombre, recuerden que son María y José, un
ángel, un mesonero y un pastor, y que están sucediendo cosas
extrañas en la quebrada donde ustedes viven".

Esa noche, al acostarse, el papá tomó la Biblia grande
que estaba sobre la mesa. Sara, Heidi y Jaime se acomodaron

alrededor del fuego. Se hizo silencio en el cuarto mientras el padre leía: "En esa región había pastores que pasaban la noche en el campo cuidando sus rebaños. De pronto se les presentó un ángel del Señor, y la claridad de Dios los cercó de resplandor. Y tuvieron gran temor. Pero el ángel les dijo: 'No temáis, porque os traigo una buena noticia, que será de gran gozo para todo el pueblo...'Cuando los ángeles se fueron al cielo, los pastores se dijeron unos a otros: 'Vayamos a Belén, y veamos este suceso que el Señor nos ha dado a conocer'. Fueron a toda prisa, y hallaron a María y a José, y al niño acostado en el pesebre".

La Navidad se acercaba. Todas las noches, cuando terminaban de estudiar sus lecciones, los niños de Hurricane Gap hacían decoraciones en sus casas para el árbol de Navidad que pondrían en la iglesia. Unían tiras de brillantes colores haciendo largas cadenas. Labraban en madera de cerezo estrellas, corderitos y camellos. Unían largos cordones de palomitas de maíz.

Jaimito preparaba una tira de palomitas de maíz. Cada noche, mientras su padre leía la Biblia, le agregaba más granos a su tira.

—Jaimito, ¿estás tratando de hacer una tira tan larga que llegue a la punta de Pine Mountain? —le preguntó Heidi una noche.

Jaimito no la escuchó. Estaba muy lejos en una colina atendiendo a las ovejas. Y aunque era un pequeño pastorcito y sólo podía gruñir cuando trataba de hablar, un ángel envuelto en esplendorosa luz lo apartó para contarle algo maravilloso que había pasado allá abajo, en el pesebre del valle. El se durmió, enhebrando maíz y escuchando.

En una esquina del cuarto, donde ardía el fuego, el padre sacó de debajo de su cama la plataforma con ruedas sobre la cual Jaimito dormía. Dobló hacia atrás las frazadas, levantóal niño del piso y lo acostó suavemente en la cama.

Al día siguiente el papá fue de compras a una tienda de Pine Mountain. Cuando volvió, le entregó a Sara un paquete. En él había telas de cuatro colores: verde, dorado, bianco y rojo.

—Hazle a Jaime un abrigo de pastor, como el de la ilustración que muestra la Biblia —le dijo el padre a Sara. Luego fue al bosque y encontróuna rama de árbol con un extremo torcido. De ella hizo una vara para Jaimito.

Al día siguiente, Jaimito se llevó su abrigo y su vara a la escuela. Los usaría cuando los niños practicaran.

Todo el día Jaime esperó pacientemente para practicar el drama. Todo el día lo pasó sentado, escuchando. Pero ¿quién podría decir qué voz oía? Podría haber sido la de la Srta. Creech, o quizás, la de un ángel.

Dos días antes de Navidad, el padre de Jaime y el padre de Claudio salieron en un camión por un camino de tierra, buscando un árbol de Navidad. En la orilla del camino descubrieron un pino frondoso, esbelto y bien formado. Lo cortaron con sus hachas y lo subieron al vehículo.

El padre abrió de par en par las puertas de la iglesia para que el árbol pudiera entrar. Llegaba hasta el techo. De sus ramas verdes de grácil diseño colgaban bayas azules. Su fragancia perfumaba toda la iglesia.

Esa tarde, las madres de Hurricane Gap, junto con la señorita Creech, y todos los niños y niñas, se juntaron en la iglesia para decorar el árbol. En la punta colocaron la estrella más grande. Entre las ramas colgaron otras estrellas, los corderitos y los camellos labrados en madera de cerezo. Colgaron cadenas plateadas de rama a rama. Al final, decoraron el árbol con guirnaldas de blancas palomitas de maíz.

"¡Ah! —decían admirados, al contemplar el árbol—.¡Ah!"

Junto al árbol, los niños practicaron el drama por última vez. Al terminar, ya se dirigían a sus casas, pero a mitad del pasillo se dieron vuelta para admirar de nuevo el árbol. Cuando Sara abrió la puerta, exclamo: "¡Miren, está nevando!"

A la mañana siguiente, Jaimito oservó un mundo que jamás había visto antes. Escondidos estaban los caminos y las cercas, la pila de leña y el columpio bajo el árbol, todos cubiertos bajo una capa de nieve. Impulsados por un viento cortante, los copos de nieve todavía caían, danzando en locas volteretas.

Sara y Heidi se unieron a Jaime junto a la ventana.

—Con esta tormenta no se puede ver el arroyo de Line Fork —dijo Sara—.¿Y dónde está Pine Mountain?

—¿Dónde está la iglesia? —preguntó Heidi—. Eso es lo que yo quiero saber.

Jaime las miró con ojos llenos de preguntas.

—Jaime, si hubiera estado nevando mucho esa noche en Belén —le dijo Heidi—, los pastores no hubieran tenido a sus ovejas en el campo. Las hubieran tenido en el establo para que no tuvieran frío, ¿no crees, papá? Con todas las puertas cerradas no hubieran escuchado lo que el ángel les dijo.

—Cuando los ángeles tienen algo que decirle a un pastor —dijo el padre—, pueden hacerlo en cualquier lugar y en toda clase de clima. Si el pastor está atento, él escuchará.

A las 11:00 sonó el teléfono.

—¡Hola! —dijo el padre.

Sara, Heidi y Jaime escucharon la voz de la Srta. Creech: "Acabo de escuchar en las noticias que esta tormenta seguirá todo el día ytoda la noche. ¿Cree usted que..."

Una vez que el teléfono comenzó a sonar, ya no dejó de hacerlo. Todos en Hurricane Gap escuchaban. Las noticias que oían eran siempre malas. Pilas de nieve de 3 metros de alto obstruían el camino a lo largo de Trace Branch. Los niños de Little Laurelpatch no pudieron salir. José vivía en Little Laurelpatch. El camino hacia la cantera... María no pudo bajar la montaña. Y luego el teléfono dejó de sonar, muerto por la tormenta.

Mientras tanto, la nieve continuaba su alocada danza, impulsada por el viento. Formaba gruesas alfombras a lo largo de los caminos y cercas.

—A nadie en su sano juicio se le ocurriría viajar en un día como estos —dijo el padre.

A la hora de cenar, Jaime, sentado a la mesa, sólo miraba su plato.

—Los pastores necesitan comer, Jaime —dijo el padre.

—Heidi y yo tampoco tenemos apetito —agregó Sara—, pero, ¿ves cómo Heidi está comiendo?

Jaime seguía mirando su plato.

—¿Saben qué? —preguntó Sara—, ya que todos estamos chasqueados, no vamos a guardar el pastel para mañana. Comeremos hoy una tajada, en cuanto te comas tu comida, Jaime.

Jaime todavía miraba su plato sin tocar la comida.

—Jaime, tú crees que ese drama era de verdad ¿no es cierto? —dijo Heidi—. Pero no era de verdad, era sólo un drama que íbamos a presentar, algo como una historia que inventamos.

Jaime no pudo aguantar más los sollozos. Se levantóy corrió hacia su padre. El papá rodeó sus hombros con un brazo.

—Jaime —le dijo—, a veces los ángeles les dicen a los pastores, "ten valor".

Toda la tarde rugió la tormenta. El padre le añadió leña al fuego. Sara se sentó frente a la chimenea a leer un libro. Heidi partía nueces en las piedras de la chimenea. Jaime estaba sentado, inmóvil.

—Jaime, trae el tostador, y haré unas palomitas de maíz para ti —dijo el padre.

Jaime negó con la cabeza.

—¿Quieres que te lea algo? —preguntó Sara.

Jaime negó con la cabeza.

—¿Por qué no le ayudas a Heidi a partir nueces? —le preguntó el padre.

Jaime negó con la cabeza.

—Jaime todavía cree que es un pastor —dijo Heidi.

Después de un rato, Jaime se alejó de la chimenea y se paró frente a la ventana, a mirar la rugiente tormenta. De pronto entrecerró los ojos y esforzó la vista... luego le hizo señas a su padre para que se acercara a mirar algo. Sara y Heidi también corrieron a la ventana.

Entre la nieve caminaba un hombre, seguido de una mujer. Llevaban abrigos que los cubrían de pies a cabeza. Iban con las cabezas agachadas para librarse del viento y de la nieve.

—¡Ay, santo cielo! —dijo el padre, mirándolos dirigirse a la puerta.

Rodeando la casa, el hombre y la mujer se dirigieron hacia la puerta trasera. Cuando el padre les abrió la puerta, una helada ráfaga de viento penetró en la cocina.

—Pasen, hace mucho frío afuera—dijo el padre.

El hombre y la mujer entraron. Sacudieron sus pies en el piso de la cocina y se sacudieron la nieve de la ropa. Siguieron al padre hacia la sala y se sentaron frente a la chimenea en unas sillas que el padre le indicó a Sara que trajera. El padre también se sentó.

Jaime se quedó al lado de su padre. Sara y Heidi se pararon detrás de su silla. Los tres miraban en silencio al hombre y a la mujer.

—¿De dónde vienen? —preguntó el padre.

—Del otro lado de Pine Mountain —dijo el hombre.

—¿Por qué no se detuvieron antes? —preguntó el padre.

—Lo hicimos—dijo el hombre—, en tres casas. Ninguno tenía lugar —agregó.

El padre guardó silencio por un momento. Miró su cama y la carriola de Jaime bajo ésta. El hombre y la mujer miraban fijamente el fuego, sin expresión.

—¿Para dónde van? —preguntó el padre.

—Hacia Straight Creek —dijo el hombre. Luego, señalando a su esposa con un gesto, agregó—: Vamos a casa de su hermana.

—Imposible que lleguen esta noche —dijo el padre.

—Quizás —dijo el hombre—, quizás usted tenga algún lugar en el establo.

—Podríamos prepararles camas en el piso de la cocina —dijo el padre.

La mujer miró a los niños, y moviendo negativamente la cabeza, dijo:

—El establo es mejor.

—El establo es frío —dijo el padre.

—No importa —dijo la mujer.

Cuando el hombre y la mujer hubieron secado su ropa y se hubieron calentado, el padre los encaminó hacia el establo. Llevaba una torre de frazadas, y una piel de búfalo. De su brazo derecho colgaban una linterna y una cubeta de leche. "Ordeñaré las vacas mientras estoy allí —le dijo a Sara—. Mientras tanto, alista la cena".

Jaime, Sara y Heidi se quedaron mirando por la ventana de la cocina cómo los tres atravesaban los montones de nieve rumbo al establo.

Era ya oscuro cuando el padre volvió a la casa.

—¿Cuánto tiempo van a quedar aquí? —preguntó Heidi.

El padre colgó una tetera de agua sobre el fuego y subió al piso alto a buscar otra linterna.

—Toda la noche —dijo, mientras bajaba—; tal vez más.

El padre comió apresuradamente la cena que Sara había puesto en la mesa. Luego tomó en una mano la linterna más pequeña y la cubeta llena de comida para los visitantes.

—Puse algo de la torta de Navidad en la cubeta —dijo Sara.

En su otra mano, el padre llevaba la tetera.

—Hace mucho frío en el establo —dijo, mientras salía de la cocina—, un frío atroz. No me esperen —agregó—; tal vez me demore un buen rato.

La oscuridad cubrió la tierra. El viento todavía soplaba y la nieve caía sin cesar. El reloj del comedor marcó las 8:00. Su tic tac se escuchaba solemnemente en la casa silenciosa donde esperaban Sara, Heidi y Jaime.

—¿Por qué no viene papá? —se quejó Heidi.

—¿Por qué no cuelgas tu media y te vas a acostar? —preguntó Sara—. Jaime, es hora de que tú también cuelgues tu media y te acuestes.

Jaime no contestó. Estaba sentado mirando al fuego.

—¡Este Jaime! ¡Todavía cree que es un pastor! —dijo Heidi mientras colgaba su media.

—Jaime —dijo Sara—, ¿no vas a colgar tu media y luego irte a dormir?

Sara extrajo la carriola de debajo de la cama del padre y acomodó las frazadas. Alistó también la cama para su padre. Colgó luego su media y siguió a Heidi hacia el dormitorio.

—¡Jaime! —lo llamó.

Jaime todavía permanecía inmóvil, mirando el fuego. Un sentimiento extraño crecía dentro de él. Esa noche no era como las demás, lo sabía. Algo misterioso estaba ocurriendo. Sentía temor.

¿Qué era eso que escuchaba?¿El viento? ¿Sólo el viento?

Se acostó en la cama sin desvestirse, y se durmió. Un ruido en la puerta lo despertó.

Se sentó y miró a su alrededor. Su corazón latía con fuerza. Pero nada en el cuarto había cambiado. Todo estaba igual como al acostarse. El fuego ardía, las dos medias de Sara y Heidi estaban allí colgadas, y el tic tac del reloj marcaba las horas solemnemente. Miró a la cama de su padre. Estaba intacta, como Sara la había dejado.

¡Allí estaba! ¡El sonido se escuchaba! Parecía como un canto. "¡Al mundo Paz! ¡Nació Jesús!"

La respiración de Jaime se aceleró. ¿Sería verdad? ¿Lo habría escuchado? ¿O sería su imaginación? Se acostó de nuevo y se tapó.

—Levántate Jaime —escuchó decir a su padre—, vístete rápido.

Jaime abrió sus ojos, y vio la luz del día que iluminaba el cuarto. Su padre estaba de pie junto a su cama, vestido con ropas gruesas.

Sorprendido, Jaime quitó de un tirón la ropa de su cama y se puso en pie de un salto.

—¡Vaya, si ya estás vestido! —comentó el padre.

El papá se acercó a las escaleras: "¡Sara, Heidi, bajen rápido!"

—¿Qué pasó, papá? —preguntó Sara.

—¿Qué vamos a hacer? —agregó Heidi, mientras ataba sus zapatos, todavía somnolienta.

—Vengan conmigo —dijo el padre.

—¿Adónde vamos? —preguntó Heidi.

—¿Al establo? —preguntó Sara.

—El establo no era un lugar apropiado —dijo el padre—, estando la iglesia tan cerca, con su estufa y suficiente carbón para encenderla.

Salieron de la casa y se encontraron bajo una mañana fría, blanca y silenciosa. El viento se había calmado. Las nubes se retiraban. Una estrella todavía brillaba sobre el pueblo en el vasto firmamento, apagándose en la creciente luz del sol.

El padre abría la marcha a través de la nieve profunda. Los niños lo seguían, pisando en sus huellas. Cuando abrió la puerta de la iglesia, la fragancia del árbol de Navidad los envolvió. La estufa proyectaba los resplandores rojizos de su fuego interior. Apagando el ruido de sus pasos, el padre avanzó por el pasillo. Los demás lo siguieron, maravillados. Allí, al lado del árbol lleno de adornos, donde el drama se iba a presentar, vieron a una mujer, acostada sobre la piel de búfalo, cubierta con las frazadas. A su lado estaba el hombre.

La mujer les sonrió: "¿Vinieron a mirar?"—preguntó; luego levantó la frazada.

Sara fue la primera en acercarse. Heidi la siguió.

—Tú también, Jaime, ven a ver —dijo Sara.

Por un momento Jaime vaciló, pero se asomó para echar una ojeada. Luego se dio vuelta y salió volando por el pasillo rumbo a la puerta de la iglesia. De un salto estuvo fuera. Tras él la puerta se cerró con estrépito.

Sara corrió tras él, llamándolo.

—¡Espera, Sara! —dijo el padre, que miraba a Jaime por la ventana.

El niño se dirigió a la casa, saltando y tropezando por la huella que las grandes botas de su padre habían abierto a través de la nieve acumulada. Una vez en la casa, descolgó rápidamente su bata de pastor, se la puso sobre su abrigo y tomó su vara de la esquina de la chimenea.

Con su mano en la perilla de la puerta, dio una mirada a la chimenea. Allí colgaban, bajo la repisa, las medias de Sara y de Heidi. ¡Y allí, junto a las de sus hermanas estaba la suya! ¿Quién la había colgado? Y tenía el mismo bulto que su media había tenido cada mañana de Navidad desde que tenía recuerdo, el bulto que formaba la naranja que contenía.

Jaime corrió a la chimenea y palpó la punta de su media. ¡Si, allí estaba la monedita de diez centavos, igual que como en otras Navidades!

De prisa, vació su media. Con la naranja y la moneda en una mano y la vara en la otra, se dirigió hacia la iglesia. Su papá y Sara que todavía estaban mirando, divisaron la colorida bata en la blancura del campo.

El padre abrió la puerta de la iglesia. Sin mirar a derecha ni izquierda, Jaime avanzó aprisa por el pasillo. El padre y Sara lo siguieron. Al llegar a la plataforma se arrodilló.

—Aquí traigo un regalo de Navidad para el niño —dijo, con voz clara y fuerte.

—¡Papá! —exclamó Sara, embargada de asombro—. ¿Escuchaste a Jaime?

La mujer descubrió el rostro del bebé y Jaime colocó suavemente la naranja junto a la pequeña mano del recién nacido.

—Y aquí está un regalo para la madre —le dijo Jaime a la señora, poniendo la moneda en su mano.

—¡En verdad —habló suavemente la mujer—, el Señor vive hoy!

—En verdad —declaró el padre—el Señor vive este día y todos los días. ¡Y es amante, misericordioso y lleno de bondad!

En el silencio que siguió, la Navidad llegó a Hurricane Gap en toda su gloria y majestad. ¡Y de esto no hace tanto tiempo, después de todo!

EL COLLAR DE CUENTAS AZULES

Fulton Oursler

Una de las más bellas historias breves de Navidad fue escrita por Fulton Oursler. Este relato nos recuerda que las posesiones, si no tenemos a nadie con quien compartirlas, son vacías e insignificantes. Además, nos vuelve a recordar que uno no puede pagar más que "todo lo que tiene" por un regalo.

Pedro Richards era el hombre más solitario del pueblo el día cuando Jean Grace franqueó la puerta de su tienda. Puede que el lector haya visto alguna mención del incidente en los periódicos, en la época cuando sucedió; sin embargo, ni su nombre ni el de ella fue publicado, ni apareció la historia completa como yo la cuento aquí.

La tienda de Pedro había llegado a sus manos como herencia del abuelo. La pequeña vitrina estaba repleta de cosas antiguas que yacían revueltas en colorida confusión: brazaletes y medallones de los que se usaban antes de la Guerra Civil, anillos y cajas de plata, imágenes de jade y marfil, figurillas de porcelana.

En esa tarde invernal, una niña se detuvo allí, con la frente apoyada contra el vidrio y los enormes ojos absortos en el estudio de cada tesoro desechado, como si anduviera en busca de algo muy especial. Finalmente, se enderezó con aire de satisfacción y entró en el negocio.

El oscuro interior del establecimiento de Pedro Richards se hallaba aun más abarrotado que la vitrina. Los estantes se veían colmados de cofres para joyas, pistolas de duelo, relojes y lámparas, y en el piso se amontonaban objetos difíciles de identificar.

Tras el mostrador se hallaba Pedro, un hombre de apenas 30 años, pero cuyo cabello ya comenzaba a volverse gris. Contempló con aire lúgubre a la pequeña clienta que apoyaba sus manitas sin guantes sobre la superficie del mostrador.

—Señor —comenzó la niña—, ¿me permitiría mirar esa ristra de cuentas azules que está en la ventana?

Pedro hizo a un lado la cortina y levantó un collar. Al extender el ornamento ante ella, las turquesas brillaron, luminosas, contra la palidez de su palma.

—¡Son perfectas! —dijo la niña, ensimismada—. ¿Me las puede envolver bien bonitas, por favor?

Pedro la estudió, con aire de indiferencia:

—¿Las quieres comprar para alguien?

—Son para mi hermana mayor. Ella me cuida. Es que ésta va a ser la primera Navidad desde que Mamá murió. He andado buscando el regalo más bello que pueda encontrar para mi hermana.

—¿Cuánto dinero tienes? —preguntó Pedro, cautelosamente.

La pequeña había estado ocupada en desatar los nudos de un pañuelo, y ahora regó un puñado de moneditas en el mostrador.

—Vacié mi alcancía —explicó simplemente.

Pedro Richards la contempló, pensativo. Luego retiró cuidadosamente el collar. La etiqueta con el precio era visible para él, pero no para ella. ¿Cómo podría decirle? La expresión confiada de sus ojos azules lo hirió, como el dolor de una vieja herida.

—Un momento —dijo, y se dirigió hacia la parte trasera de la tienda. Por sobre el hombro, preguntó—: ¿Cómo te llamas? —mientras se afanaba en una misteriosa tarea.

—Jean Grace.

Cuando Pedro volvió a donde Jean Grace esperaba, llevaba en su mano un paquete, envuelto en papel escarlata y atado con un moño de cinta verde.

—Ahí lo tienes —dijo poco después—. No lo vayas a perder por el camino.

La niña le sonrió, feliz, por sobre el hombro, y salió corriendo. Por la ventana la miró alejarse, y la desolación inundó sus pensamientos. Algo acerca de Jean Grace y su ristra de cuentas azules había agitado en su interior un profundo pesar que se negaba a permanecer sepultado. El cabello de la niña era del color de los trigales maduros, sus ojos azul de mar, y una vez, no hacía tanto tiempo, Pedro había amado a una muchacha cuyos cabellos eran del mismo tono y cuyos ojos eran así de azules. Y el collar de turquesa le había estado destinado.

Pero había sobrevenido una noche lluviosa —un camión perdió el control en un camino resbaloso—, y a su sueño le habían arrancado la vida.

Desde entonces, Pedro Richards había vivido en la soledad, demasiado envuelto en su dolor. Era cortés y atento con los clientes, pero después de las horas de oficina, su mundo parecía haber quedado irrevocablemente vacío. Procuraba olvidar, rodeándose de una niebla de autocompasión que se espesaba día tras día.

Los ojos azules de Jean Grace lo sacudieron, haciéndolo recordar con aguda claridad lo que había perdido. El dolor de los recuerdos lo hizo huir de la exuberancia de los compradores navideños. Durante los diez días siguientes hubo mucho movimiento; nubes de mujeres locuaces que examinaban baratijas y procuraban regatear. Ya tarde en la víspera de Navidad, cuando el último cliente se hubo ido, Pedro Richards dejó escapar un suspiro de alivio. Se había terminado el ajetreo, hasta el próximo año. Pero para Pedro Richards, la noche todavía no se había terminado.

La puerta se abrió y una joven entró, apresurada. Con inexplicable sorpresa, se dio cuenta de que la visitante le resultaba familiar; sin embargo, no podía recordar cuándo o dónde la había visto antes. Su cabello era dorado y sus grandes ojos eran azules. Sin decir una sola palabra, sacó de su cartera un paquete medio desenvuelto, en papel rojo y un moño de cinta verde. Poco después el collar de cuentas azules se hallaba nuevamente ante su vista en el mostrador.

—¿Proviene esto de su tienda? —preguntó.

Pedro levantó sus ojos hasta encontrar los de ella, y respondió suavemente:

—Sí, así es.

—Las piedras, ¿son genuinas?

—Sí. No de las más finas, pero son genuinas.

—¿Se acuerda usted a quién se las vendió?

—Era una niñita, cuyo nombre era Jean. Las compró para su hermana mayor, como regalo de Navidad.

—¿Cuánto valen?

—El precio —dijo él, con tono solemne —siempre es un asunto confidencial entre el vendedor y el cliente.

—¡Pero Jean nunca ha tenido más que unos pocos centavos para gastar! ¿Cómo iba a poder pagarlo?

Pedro estaba ocupado doblando el colorido papel según los dobleces originales, empeñado en dejar el paquetito tan bien envuelto como al principio.

—Pagó el mayor precio que sea posible pagar—dijo, por fin—. Ella entregó todo lo que tenía.

A estas palabras siguió un silencio que llenó la pequeña tienda de antigüedades. Pedro divisó el lejano campanario; una campana comenzó a tocar. El son del distante repicar, el paquetito que reposaba sobre el mostrador, la pregunta que asomaba a los ojos de la muchacha, y la extraña sensación de renovación que se agitaba ilógicamente en el corazón del joven, todo ello había surgido a raíz del amor de una niñita.

—Pero, ¿por qué lo hizo?

Pedro le exdendió el presente.

—Ya es la mañana de Navidad —dijo—. Y para desgracia mía no tengo nadie a quien regalarle algo. ¿Me permite acompañarla hasta la puerta de su hogar, y desearle allí una feliz Navidad?

Y así, acompañados por el son de muchas campanas y en medio de la feliz multitud, Pedro Richards y una joven cuyo nombre aún no había escuchado, salieron para compartir el comienzo del gran día que trae al mundo esperanza para todos nosotros.

DAVID Y LA ESTRELLA DE BELÉN

Christine Whiting Parmenter

Recuerdo que, cuando escuché por primera vez a mi madre recitar esta historia, yo era todavía joven. Es un relato tal que desafío a cualquier persona que tenga sangre en las venas a escucharlo o leerlo sin que los ojos se le humedezcan. Contiene todos los aspectos trágicos de la vida, como crueldad, pérdida, inhumanidad y muerte, así como el resplandor sublime del amor, el cuidado, la restauración y la felicidad. Con el paso de los años se ha convertido en un clásico de la temporada navideña.

Scott Carson llegó a casa de mal humor. Nancy se dio cuenta de ello tan pronto como él hubo entrado, mientras ella deslizaba en su cesto de costura un trocito de cinta que la podría acusar.

Era el día 21 de diciembre, y se prometía una Navidad blanca. La nieve había estado cayendo durante horas, y en la mayoría de las casas ya había guirnaldas en las ventanas. Era un día en el cual se respiraba un ambiente navideño, y sin embargo, a no ser por la cinta roja en el cesto de Nancy, en el hogar de los Carson no había señales del festival que se aproximaba.

Besándola distraído y dejándose caer en una silla de brazos, Scott dijo:

—¡Esta nevada es el colmo! Si el viento comienza a soplar, el tránsito se va a poner malísimo. Ya mi tren venía veinte minutos tarde, y... ¡vaya! sonó el timbre... ¿Quién podrá ser, a esta hora? Yo quiero mi cena.

—Yo iré a ver —dijo rápidamente Nancy, al verlo comenzar a incorporate—. Selma ya está poniendo la comida en la mesa.

Acomodado nuevamente en la silla, Scott la oyó abrir la puerta, hacer un comentario acerca de la tormenta, y después de una pausa, desearle a alguien una feliz Navidad.

¡Una feliz Navidad! Se preguntaba cómo ella podía pronunciar con tanta calma esas palabras. Hacía tres años, una mañana de Navidad, habían perdido a su hijo en forma terriblemente repentina, sin aviso. Meningitis, dijo el médico. Tan sólo unas pocas horas antes, al niño se lo veía sano y feliz, ayudando a decorar el arbolito, esperando, con un brillo especial en los ojos pardos tan parecidos a los de su madre, que Santa Claus se acordara de que él quería esquíes. Se había ido feliz a la cama después que Nancy leyera "The Night Before Christmas" [La noche antes de Navidad], una costumbre de su temprana niñez, que el chico, ya de once años, todavía insistía en observar. Después su madre recordó, con una punzada de remordimiento, que cuando el niño le diera las buenas noches con un beso, había dicho que sentía su cabeza "un poco rara". Pero ella lo había dejado, sin sentirse preocupada, y había bajado para ayudarle a Scott en la tarea de llenar las medias. Santa no se había olvidado de los esquíes, pero Jaime nunca los vio.

Tres años, y el recuerdo aún dolía tanto, que el solo hecho de pensar en la Navidad era una verdadera agonía para Scott Carson. Su Jaimito se había deslizado hacia las sombras mientras los grupos que cantaban villancicos se detenían inocentemente bajo su ventana, y sus voces, claras y penetrantes, se elevaban en el aire perfumado del amanecer.

"Noche de paz, noche de amor"...

Scott se incorporó de pronto. Debía evitar por cualquier medio revivir los recuerdos de ese tiempo.

—¿Quién era? —preguntó, malhumorado, cuando Nancy se reunió con él. Ella, comprendiendo el porqué de su actitud, respondió, con tacto:

—Era sólo el cartero del correo expreso.

—¿Y qué traía?

—Era sólo un... un paquete.

—Naturalmente que uno se imagina tal cosa —replicó su esposo, con un dejo de sarcasmo. Luego, una sospecha lo acosó, y exclamó:

—¡Mira, tú! Si has estado consiguiendo un regalo navideño para mí... yo... no te lo voy a aceptar! Te dije que quería olvidarme de la Navidad. Yo...

—Sí, querido, lo sé —Nancy se apresuró a interrumpirlo—. El paquete era de la tía María.

—¿Y no le dijiste que ya no celebramos la Navidad? —demandó, irritado.

—Sí, Scott, pero... ¡tú conoces a la tía María! Vamos, la cena está servida, y creo que te gustará. Te sentirás mejor después de comer.

Pero a Scott le resultó inexplicablemente difícil comer. Y más tarde, cuando Nancy, tratando de calmarlo, se puso a leer en voz alta, él no pudo seguir la lectura. Ella había escogido algo divertido; pero en medio de un párrafo él habló, y Nancy comprendió que no había estado escuchando.

—Nancy —dijo—, ¿hay algún lugar, algún rincón de este mundo en donde uno pueda escaparse de la Navidad?

Ella lo miró, y le respondió con dulce y suave voz:

—Sería difícil hallar un lugar así...

Repentinamente, Scott la enfrentó:

—¡Siento que ya no lo soporto más! Los árboles... las canciones... la algarabía, tú sabes. ¡Oh, si tan sólo pudiera pasarme toda esta semana durmiendo! Pero... he estado pensando... Tú... ¿estarías dispuesta a considerar la posibilidad de ir conmigo a acampar por un día o dos? Yo iría solo, pero...

—¡Solo! —repitió ella—. ¿Allá en medio del bosque, en tiempo de Navidad? ¿Crees que te dejaría?

—Pero para ti sería duro, mi amor. Frío e incómodo. Es una locura mía preguntártelo siquiera, y sin embargo...

Nancy pensaba con rapidez. Por supuesto, no podrían escapar la Navidad. Ningún cambio de localidad podría hacerles olvidar el aniversario del día en que Jaime los dejara. Pero Scott la preocupaba, y el cambio de escena podría ayudarle a soportar las horas difíciles que lo esperaban. El campamento, situado en la montaña, a una milla de los vecinos más próximos, estaría por lo menos aislado. Sobraba la ropa de cama, y había una gran chimenea. Valdría la pena probar.

—Iré contigo, querido —respondió alegremente—. Quizá el cambio nos haga bien a los dos.

Ese día era martes; el jueves por la tarde bajaron del tren que viajaba en dirección norte, y se quedaron en la plataforma mirando cómo se desvanecía rumbo a las montañas. El día estaba claro, y muy frío. "17° C bajo cero" les dijo el jefe de estación cuando entraron en el pequeño cuarto, acercándose instintivamente a la estufa al rojo vivo que esparcía un agradable calor.

—Ayer le envié un telegrama a Clem Hawkins, que vive en el camino de la montaña —dijo Scott—. Yo sé que usted no entrega telegramas tan lejos, pero me arriesgué. ¿Sabe usted si lo habrá recibido?

—Sí. Clem no tiene teléfono, pero el chico vino a buscar unas provisiones y lo mandé con él. ¿Sabe? Si yo estuviera en su lugar, me quedaría en la casa central. Creo que sería un ambiente más alegre, más navideño.

—Creo que estaremos apropiadamente cómodos si Hawkins ventila la cabaña y enciende el fuego —replicó Scott, con el rostro endurecido a la mera mención de la fiesta—. ¿Hay alguien por aquí que nos pueda llevar? Desde luego que le pagaré bien.

—Ira Morse puede ir; pero más allá de los Hawkins ustedes tendrán que caminar. El camino está abierto sólo hasta allí... Allí viene Ira. ¡Espéreme, que le voy a pegar un grito! ¡Oye, Iry! —llamó, yendo a la puerta—¿Quieres llevar a esta gente hasta la casa de Hawkins? Están dispuestos a pagar.

"Iry", un mocetón de cara rubicunda, apareció casi en seguida, con su caballo gris de labranza uncido a un trineo de un asiento, antiguo y de aspecto incómodo.

—Nos vamos a sentar los tres en un asiento—explicó alegremente—, pero así vamos a sentir menos frío. Tápele los pies a la señora con el cuero de búfalo, y usted y yo vamos a usar la manta del caballo.

Cuando pasaron frente a la escuela del distrito, en cuyo estacionamiento se veían unos cuantos trineos y otros vehículos, el joven explicó:

—Hay gente decorando la escuela para la fiesta de mañana por la tarde. Habrá un árbol para los niños, discursos y canciones. Este año tenemos una maestra muy activa, créanmelo.

Habían llegado al camino que llevaba montaña arriba, rumbo a la granja de los Hawkins, y mientras seguían avanzando con esfuerzo, surgió un viento repentino que cortaba sus rostros. Crujía la nieve bajo la cuchillas del trineo, y a medida que el sol se hundía tras la montaña, Nancy se estremecía, no tanto por el frío como bajo una sensación de soledad y aislamiento. La voz de Scott la sacó de su ensimismamiento.

—Debiéramos haber traído raquetas de nieve. No pensé que no pudieran llevarnos todo el camino.

—Creo que van a llegar allá sin problemas —dijo Ira—. La nieve está más dura que el cemento, y va a pasar un buen tiempo hasta que se comience a derretir. ¡Aquí llegamos! —dijo, deteniendo el trineo junto a una casa de campo, sin pintar y maltratada por los elementos—. Será mejor que entren un momento hasta entrar en calor.

Una mujer con cara de arpía se asomó a la puerta, abriéndola apenas una rendija, para guardarse del aire fresco y del frío.

—Yo creo que será mejor que sigamos —dijo Nancy, echando una ojeada a las sombras que se espesaban—. Me pregunto si habrá alguien aquí que nos ayude a llevar nuestro equipaje y las provisiones.

—No hay nadie —respondió la mujer, saliendo de la casa y acomodándose sobre los hombros un desteñido suéter gris—. Ciem se fue a East Conroy con los huevos, y David subió al campamento para tenerles el fuego encendido a ustedes. Pueden llevarse el trineo y usarlo para sus cosas. ¡Ahí está, junto a la puerta! David lo traerá de vuelta cuando venga. ¡Y díganle que se apure! ¡Casi seguro que Ciem no volverá a tiempo para ordeñar!

—Yo pensé que David le iba a ayudar a la maestra a decorar la escuela esta tarde —se aventuró a decir Ira. Mientras hablaba, iba descargando las cosas y amarrándolas en el trineo pequeño.

—El pensaba lo mismo —respondió la mujer—. Pero no había nadie más para encender ese fuego, ¿no? De todos modos, no le hará mal tener que trabajar para mantenerse, como lo hacen los demás. Esa nueva maestra, no piensa más que en...

—¡Ea, óigame! —dijo el joven, enderezándose con una luz beligerante en sus ojos azules—, ¡es Navidad! ¿No puede David volver conmigo si yo ordeño las vacas en su lugar? Van a estar trabajando hasta bien tarde... será bien divertido para un chico como él, y...

—¡No, no puede! —rezongó la mujer—. Ya tiene la cabeza demasiado revuelta con eso de recitar y andar cantando canciones tontas. Y más vale que ustedes sigan ya su camino; yo no puedo quedarme aquí hablando hasta la mañana.

Cerró la puerta de un golpe, mientras Ira la seguía con una mirada de rencor, y para aliviar sus sentimientos, le daba un puntapié al poste del portón; luego sonrió, un tanto avergonzado.

—¡Vieja regañona! ¡Si ni siquiera les ofreció entrar para pasar el frío! Bueno, si yo estuviera en el lugar de ustedes, no me demoraría. Y manden en seguida de vuelta al muchacho, o si no le llegará algo peor que un mero regaño. Bueno, ¡adiós amigos! Les deseo una feliz Navidad.

El recorrido montaña arriba transcurrió casi enteramente en silencio, ya que se necesitaban sus energías combinadas para arrastrar el trineo cuesta arriba y contra el viento. Scott dejó escapar un suspiro de alivio cuando por fin vieron el campamento y la gran chimenea de piedra que dejaba escapar una espiral de humo, como una agradable promesa de calorcillo acogedor.

—Se ve bien, ¿verdad? Pero se hará de noche antes que ese chico llegue a su casa. Me pregunto qué edad...

Ambos se detuvieron repentinamente, al oir una voz, dulce y cristalina, que salía de la cabaña:

—Noche de paz, noche de amor...

El rostro de Scott se volvió repentinamente blanco. Extendió la mano, como si fuera a rechazar algo, pero Nancy la cogió entre las suyas y la apretó contra su corazón, que palpitaba locamente.

—Todo es bello en derredor...

Los extraños ecos casi infantiles provenían del interior, y Nancy exclamó:

—¡Scott, mi amor! ¡No te dejes arrastrar! Es sólo el niño que canta los villancicos que aprendió en la escuela, ¿no ves? ¡Vamos, domínate! Tenemos que entrar.

Todavía estaba hablando, cuando la puerta se abrió, y con la vista nublada distinguieron la figura de un niño, de pie en el umbral. Era un muchachito delgado con una expresión de mucho mayor edad en su rostro extrañamente melancólico, y unos grandes ojos pardos bajo una espesa cabellera rubia.

—¿Ustedes serán la gente que iba a venir del pueblo? A ver, déjenme ayudarles a entrar sus cosas.

Antes que ninguno de ellos pudiera protestar, el chico se arrodilló en la nieve, y desató con ágiles dedos los nudos que Ira había atado. Hubiera levantado por sí mismo la pesada valija, si Scott, traído de nuevo a la realidad por la acción del niño, no hubiera intervenido.

—Yo llevaré eso. —Su voz sonaba distinta, y algo insegura—. Tú puedes llevar el canasto. Me temo que hemos llegado tarde. Tienes que apresurarte para llegar a casa antes que cierre la noche. Tu madre dijo...

—No me importa la oscuridad —dijo el niño en voz baja, mientras entraban—. Cuesta abajo me puedo deslizar la mayor parte del camino, de todos modos. Creo que me oyeron cantar cuando venían llegando —sonrió con timidez y explicó—: Era una buena oportunidad para practicar las canciones de Navidad. En casa no me dejan. Mañana vamos a tener un programa en la escuela, y yo soy uno de los tres reyes de Oriente; usted sabe, la canción. Me toca la primera estrofa, y la canto yo solo —añadió, con orgullo infantil.

Siguió un momento de silencio. Nancy tuvo que reprimir el impulso de rodear con sus brazos la delgada silueta. Scott, por su parte, les había dado la espalda y procuraba torpemente desabrochar las hebillas de su valija. Luego, Nancy dijo:

—Creo que por culpa nuestra no pudiste ir a la escuela esta tarde para ayudar. ¡Lo siento mucho!

El niño exhaló un suspiro de resignación que a Nancy le pareció extrañamente poco infantil.

—No se preocupe, señora. De todos modos, creo que no me habrían dejado ir; además, tengo que pensar en mañana. Yo... estuve mirando uno de sus libros. Me gusta leer.

—¿Qué libro era? ¿Quieres llevártelo a casa como...—miró a Scott, que todavía estaba arrodillado junto a la valija, y terminó apresuradamente—... como un regalo de Navidad?

—¿Cómo no voy a querer? —Sus ojos melancólicos brillaron, y luego se opacaron—. ¿Habrá unlugar por aquí, quizás, donde pudiera esconderlo? En casa no les gusta verme leyendo. Ellos —a sus ojos asomó una expresión dura—... ellos quemaron un libro que la maestra me había dado hace poco. Era *David Copperfield,* y ni siquiera alcancé a terminarlo.

Sonó un estrépito; Scott, al incorporarse súbitamente, hizo caer la silla. El niño saltó, y luego se rió de su propio susto.

—Mira, muchacho —dijo Scott, con voz enronquecida—, tienes que irte a casa. ¿Puedes venir mañana y traernos un poco de leche? Voy a encontrar un lugar donde esconder tu libro, y entonces te contaré algo de él. ¿No tienes un sobretodo más abrigador que éste?

Levantó del banco un viejo abrigo y lo sujetó mientras el niño se lo colocaba.

—Gracias, señor —dijo—. Es difícil ponérselo, porque está todo roto por dentro. Tiene un solo botón —añadió, mientras Scott buscaba a ciegas—. Ella no tiene mucho tiempo para coserlos. Mañana por la mañana les voy a traer la leche. ¡Ahora tengo que apurarme, o la voy a pasar mal! Gracias por el libro, señora; eso me va a gustar más que cualquier otra cosa. ¡Buenas noches!

Desde la ventana, Nancy lo vio irse en la progresiva oscuridad delcrepúsculo. Le dolía pensar en el trayecto solitario, pero puso de lado la imagen y se volvió a Scott, que había encendido una fogata en el hogar, y parecía absorto en contemplar la danza de las llamas.

—¡Eso sí que está bueno! —comentó alegremente—. Voy a preparar la cena, y luego haré la cama. Estoy tan cansada que tendré que acostarme temprano. ¿Quieres traerme las latas que hay en tu valija, Scott? Una sopa caliente vendría muy bien esta noche.

Nancy sacó un delantal de su bolsa y se fue a la pequeña cocina. David evidentemente sabía cómo hacer un buen fuego. Las tapas de la estufa estaban casi rojas, y la tetera cantaba al hervir. Nancy hizo con destreza los preparativos, a pesar de estar cansada con la caminata desusada, mientras que Scott abría una lata de sopa, tostaba unas rebanadas de pan y, poniéndolo todo en una bandeja, lo llevaba hasta los bancos que había junto a la chimenea. Qué hogareño y "navideño", pensó Nancy, escuchando el silbido del viento y el crepitar de las llamas en la chimenea. Pero se sentía extrañamente taciturna. El recuerdo de esa figurita solitaria que se alejaba en el ocaso gris persistía a pesar de sus esfuerzos por olvidarlo. Fue Scott el que habló, y su voz surgió del silencio:

—Me pregunto qué edad tendrá.

—¿El... el muchachito?

Scott asintió, y ella respondió en voz baja:

—No parecía mayor que... quiero decir, que parecía demasiado niño como para andar ordeñando vacas y haciendo trabajos.

Scott volvió a asentir, y pasó un momento antes que dijera:

—El trabajo quizás no le hiciera mal, si fuera lo suficientemente fuerte; pero... ¿te fijaste, Nancy, lo mal alimentado que parecía estar? Pero es un muchachito inteligente, y su voz... ¡Caray! —exclamó de pronto—, ¿Cómo puede una bruja así traer al mundo niños como éste? ¡Y quemarle su libro! Nancy, no puedo comprender cómo están dispuestas las cosas. Ahí tienes a ese pobre niño luchando por desarrollarse en una atmósfera hostil, y nuestro Jaimito, que disfrutaba de nuestro amor y comprensión... Dime, ¿por qué será?

Con afecto, ella le tendió la mano. Pero la pregunta se quedó sin respuesta, y terminaron la cena en silencio.

A la mañana siguiente, David no llegó con la leche. Esperaron casi hasta el mediodía, y luego se fueron a recorrer los bosques nevados y perfumados con el aroma de los pinos. Era un día glorioso, y todos los abetos brillaban, revestidos de diamantes. Volvieron refrescados y hambrientos de atacar su almuerzo retrasado. Scott secó los platos, silbando mientras trabajaba. Su esposa recordó que hacía meses que no había silbado así. Más tarde, una vez cumplidos los últimos ritos de la cocina, ella se acercó a la ventana, donde él se hallaba mirando hacia el camino.

—Ya no viene, Scott.

—¿El chico? Todavía no son las tres, Nancy.

—Pero la fiesta comienza a las cuatro. Supongo que todos los habitantes de la zona estarán allí.

Ya comenzaban a caer unos copos grandes que descendían desganados. Scott amontonó más leña en el fuego, y se acomodó en el sofá para dormir una siesta. Nancy, en cambio, se sentía inquieta. En repetidas ocasiones se sorprendió de pie junto a la ventana, contemplando la nieve. Allí estaba cuando por fin Scott se despertó y se sentó, parpadeando. Al notar la semioscuridad, preguntó:

—¿Cuánto rato he pasado durmiendo?

Nancy rió, aliviada al oir su voz después del largo período de quietud.

—Ya son más de las cinco.

—¡Gran trueno! —exclamó, levantándose y poniendo un brazo sobre sus hombros—. Anoche no pude dormir muy bien; no lograba quitarme a ese niño de la mente. ¡Pues, mira! —Scott miraba por la ventana hacia la creciente oscuridad—. ¡Ahí viene ahora! Yo creí que tú habías dicho...

Ya estaba junto a la puerta, y la abrió de par en par en un gesto de bienvenida, enseguida salió para descargar del trineo la caja de botellas de leche. Al ver entrar al niño, a Nancy le pareció que su aspecto había cambiado sutilmente. Si se hubiera tratado de una persona mayor, ella lo hubiera clasificado como desánimo; y cuando él levantó la mirada, se advertían en ella las huellas inconfundibles de lágrimas recientes.

—¡Oh, David! —exclamó—: ¿Por qué no estás en la fiesta?

—No fui.

—Pero ¿por qué no, David? —le preguntó, conduciéndolo hacia la alegre fogata.

El niño tragó saliva, y se contuvo con heroico esfuerzo.

—Tuve que ordeñar. ¡Los demás se fueron a Conroy, a visitar a la abuela Hawkins! A mí me gusta ir a casa de la abuela Hawkins. Ella les dijo que no dejaran de llevarme, pero no había nadie más para que ordeñara, así que... que...

Fue Scott el que acudió al rescate cuando la voz de David le falló repentinamente.

—¿Me quieres decir que tu gente se fue en una visita de *Navidad* y te dejó solo en casa?

El niño asintió, tragándose las lágrimas, y produciendo una patética sonrisa.

—No me habría importado tanto, si... si no fuera por lo de la escuela. La señorita María contaba conmigo para que cantara y recitara una parte. No sé dónde habrán conseguido alguien para que haga mi parte del sabio de Oriente.

Su rostro se endureció de un modo que no es bueno ver en un muchachito, y exclamó airado:

—¡Oh, sí, yo hubiera ido, después que ellos hubieran salido! Pero se demoraron hasta casi las cuatro, y... cuando fui a buscar mi ropa buena, ¡la... la habían escondido... o se la habían llevado!... Y había un arbolito de Navidad...

Su voz se apagó nuevamente. Nancy se sintió incapaz de decir nada ante lo que reconoció como un chasco devastadora. Miró a Scott, el cual se adelantó con calma, y puso una mano reconfortante sobre el hombro del niño. Dijo —y sabiendo lo que le costaban esas palabras, el corazón de Nancy se enterneció de profunda gratitud—:

—¡Anímate, compañerito! ¡Vamos a tener un árbol de Navidad! Y vamos a celebrar una fiesta, tú, Mamá y yo. Vas a recitar tu parte y cantar tus villancicos para que nosotros los escuchemos. Y Mamá nos va a leer "La..." —durante un apreciable instante la voz de Scott vaciló, pero continuó valientemente—"... La Noche Antes de Navidad". ¿La escuchaste alguna vez? Además, yo conozco unos trucos que te van a encandilar los ojos. Mañana, el mero día de Navidad, tendremos nuestra fiesta, hijo; pero ahora (mientras hablaba se estaba colocando los zapatos de nieve), ¡ahora vamos a buscar el arbolito antes que se ponga demasiado oscuro! ¡Vamos, Mamá, tú también tienes que acompañarnos!

¡Mamá! Scott no la había llamado así desde que Jaime había muerto! Cegada por las lágrimas, Nancy buscó a tientas su abrigo en el pequeño armario. La noche cayó sobre ellos con rapidez mientras caminaban por el bosque nevado, pero encontraron un árbol, y se detuvieron a cortar más ramas fragantes que les sirvieran de adorno. No se acordaron que no tenían guirnaldas ni luces, hasta que no estuvo el árbol muy recto en un rincón; pero Scott no le dio ninguna importancia al hecho.

—Tenemos palomitas de maíz, y no hay nada más lindo que eso. Prepáranos algo que cenar, Nancy, y después iré al pueblo.

—¡Al pueblo! ¿A esta hora?

—¡Usted puede llevarse mi trineo, señor! —gritó David, y vieron que sus ojos habían vuelto a ser felices, como deben ser los de un niño—. ¡Podrá deslizarse, de bajada, casi todo el camino! Yo haré las palomitas de maíz. ¡Me gusta mucho hacerlas! ¡Qué bueno que terminé de ordeñar antes de venir!

Las horas que siguieron se desvanecieron como por arte de magia para Nancy Carson. En esa pequeña cabaña se hicieron verdaderas maravillas; y ¡cuán agradable era planear y jugar nuevamente con un muchachito! Sólo cuando el niño, que había estado en pie desde la madrugada, de puro cansancio cayó rendido sobre el sofá y se durmió, entonces ella le añadió los toques finales a la escena.

—Parece un cuadro de la Navidad —murmuró, feliz—. El árbol, tan verde y esbelto con sus propios adornos, el pino cargado de conos junto a la ventana, la calceta llena colgada de la repisa de la chimenea y... el niño dormido. Me pregunto...

Se volvió, sobresaltada al oir un crujido en la nieve afuera, pero era, desde luego, Scott que volvía. Entró en silencio, no cargado de bolsas, como ella había esperado, sino con las manos vacías. En su actitud, sin embargo, ella pudo notar un extraño entusiasmo mientras sus ojos recorrían el cuarto iluminado por las llamas del hogar, y se detenían un momento en la carita pacífica de David. Entonces vio la media en la repisa, y sus ojos buscaron los de ella.

—¡Nancy! ¿Esa es... es...?

Ella se acercó y lo rodeó con sus brazos.

—Sí, querido, es... es la de Jaime... tal como la llenamos hace tres años. Me resultó imposible dejarla atrás en este viaje, allí tan solitaria en su cajón... en tiempo de Navidad. Dime que no te importa, Scott, ¿quieres? Nosotros tenemos nuestros recuerdos, pero David... ¡tiene tan poco! Esa madre horrible, y...

Scott se aclaró la garganta, tosió y dijo suavemente:

—Creo que tiene la madre más bella del mundo.

—¿Qué quieres decir con eso?

La hizo sentarse en el banco que había frente al niño dormido, y respondió:

—Escucha esto, Nancy. Fui a la escuela pensando que me podrían dar algunos adornos para el arbolito. La fiesta había terminado, pero la maestra estaba allí con Ira Morse, guardando las cosas. Les hablé de David, y les expliqué por qué no había podido ir. También les hice algunas preguntas. Nancy, ¿cómo lo ves? ¡Esa mujer, la Hawkins, no es la madre del niño! ¡Yo lo presentía! Nadie de por aquí conoció a la madre. Murió cuando David era un bebé, y según creen los nativos, su padre, enloquecido de dolor, dejó el niño aquí y se fue a vivir al monte, como un ermitaño. Murió cuando David tenía unos seis años, y nadie reclamó al chiquillo. Como no había un orfanato en toda la región, lo llevaron al hospicio y allí estuvo hasta el año pasado, cuando Clem Hawkins necesitó alguien que lo ayudara en sus tareas de granjero, y David era lo más conveniente y barato que encontró. ¿Quieres saber qué he andado haciendo todo este rato? Bueno, pues me fui a entrevistar al director del hospicio —cortamos metros y metros de enredos burocráticos—, ¡y eché mano de todo, aun del soborno y la corrupción! Pero... ¡Hola! ¿Te desperté?

David se incorporó de pronto y se restregó los ojos. Luego, al ver la calceta, se despertó completamente y preguntó:

—¿Ya... ya es la Navidad?

Scott rió y miró su reloj.

—Lo será en doce minutos más. Ven aquí, muchacho.

Sentó al niño sobre sus rodillas y siguió hablando en voz baja:

—Cuando llegué al pueblo, David, las tiendas ya habían cerrado, así que no te pude comprar un regalo de Navidad. Pero pensé que si te dábamos una mamá... y... un papá de veras...

—¡Oh, Scott! —De labios de Nancy se escapó una exclamación de éxtasis. Había sospechado el fin de su relato, pero hasta ese momento no se había atrevido a creerlo plenamente. Entonces, viendo la confusión del niño, le explicó:

—Quiere decir, David, que ahora eres nuestro hijo, para siempre.

David los miró con los ojos enormemente grandes, por la sorpresa.

—¿Y no necesito volver más a casa de los Hawkins? ¿Nunca más?

—Nunca más —prometió Scott, con un nudo en la garganta al oír la nota de alivio que sonaba en la voz del chico.

—¿Y voy a tener una familia, como los demás niños?

—Así es. —El nuevo padre habló con liviandad, procurando ocultar sus sentimientos—. Esto es, si crees que servimos para eso —añadió, sonriendo.

—¡Oh, sí que...!

Enmudeciendo de repente, David se volvió y echó sus delgados bracitos al cuello de Scott, en un abrazo de niño, que casi lo estranguló. Luego, un tanto avergonzado, porque esas cosas le resultaban nuevas a él, se desprendió y caminó hasta la ventana, dándoles la espalda. Ellos comprendieron que estaba procurando visualizar ese acontecimiento increíble —ese milagro— que había sucedido en su vida anhelosa de afecto. Cuando, después de un silencio ellos se le unieron, la vela que había alumbrado desde la mesa lanzó una llamarada final de protesta y se extinguió. Ahora sólo la fogata y las estrellas alumbraban la cabaña. Nancy, mirando la noche, dijo con suave voz:

Creo que nunca he visto las estrellas tan brillantes.

—Estrellas de Navidad —le recordó Scott, y conociendo el recuerdo que le enronquecía ligeramente la voz, Nancy extendió su mano y la puso entre las de él.

Fue David el que rompió el silencio. Estaba junto a la ventana, con los codos descansando en el alféizar, y su barbilla apoyada en ambas manos. Parecía haberse olvidado de ellos, al decir:

—Es Navidad... noche de paz... noche de amor... como dice el canto. Me pregunto —y miró confiadamente los rostros que estaban junto al suyo—, ¿no será alguna de ellas la Estrella de Belén?

LOS GUANTES ROJOS

Hartley F. Dailey

¡Oh, cuán a menudo juzgamos a un individuo por la máscara, tal como evaluamos una casa por la fachada, y no vemos el tesoro que hay en su interior! No hay mejor llave maestra que la bondad.

A propósito, en una deliciosa ironía, al investigar con el fin de obtener permiso para usar este relato, el mismo Hartley Dailey —que vive en un pueblito de Ohio— se hizo presente en mi vida, y se convirtió en un amigo muy apreciado.

Creo que comencé a contar mis Navidades desde cuando Linda cumplió 8 años. Ese fue el año en que la expresión: "Paz en la tierra, y buena voluntad para con los hombres", comenzó a tener significado para mí.

Fue en 1934, el peor año de la Gran Depresión, por lo menos para los agricultores. Como muchos otros, yo había comprado una finca de unas 70 hectáreas justamente antes que el mercado se desplomara, y a un precio demasiado elevado. Ahora, con los precios de los terrenos por el suelo, el costo de las cosas que teníamos que comprar aumentaba. Necesitábamos ahorrar hasta el último centavo sólo para pagar el interés del préstamo.

Ese fue el año cuando decidimos que no podríamos darnos el lujo de comprar regalos de Navidad. En lo que respecta a Juana y yo, no nos importaba, pero en el caso de Linda, nuestra reacción era distinta. Se trataba de nuestra única hija, y nos parecía que todavía era casi un bebé. Era una niña muy madura, con una abundante y sedosa cabellera de color castaño y grandes ojos del mismo color, tan cálidos que hubieran podido derretir el corazón de la legendaria "Reina de la Nieve". Pensamos que era demasiado pequeña como para comprender por qué no había dinero para comprar obsequios.

En la capital del condado, en una vitrina de la tienda de Lloyd's, había un hermoso abrigo celeste, del tamaño perfecto para Linda. Cada vez que íbamos a la ciudad, ella se paraba ante esa vitrina para ver si el abrigo todavía estaba ahí. ¡Pero el precio, $12,95 dólares, era simplemente imposible! Era lo mismo que si hubiera costado cien dólares. Mi esposa se dio el trabajo de rehacer un abrigo de ella, adaptándolo al tamaño de Linda, y la niña lo usaba, obediente. Pero no podía reemplazar al de la tienda.

En esos días, nuestro vecino más cercano era el viejo Riggs, cuyas 220 hectáreas se extendían entre nosotros y el río. El viejo Carlos Riggs era el hombre más avaro en tres condados, con la disposición de una manzana agria y una expresión en su rostro que hacía pensar que se alimentaba sólo de caquis verdes. Se rumoreaba que tenía dinero, pero al verlo, nadie podría adivinarlo. Se vestía como un vagabundo, y manejaba un antiguo y maltratado modelo T. Nunca le ponía las cortinas laterales, no importa cuánto frío hiciera. Se sentaba bien derecho, y con sus manos grandes y nudosas se aferraba del volante como si quisiera estrangularlo. Nunca lo vi usar guantes, esto es, nunca... hasta después de esa Navidad.

Para un granjero de las colinas, uno de los problemas mayores es el agua. Si no tiene acceso a una vertiente o un arroyo, debe cavar pozos profundos para obtenerla. Y en esos tiempos, antes que la energía eléctrica llegara a esas colinas, había que bombearla a mano. Y tener que bombear toda el agua para todos los animales de la granja es mucho trabajo.

Durante varios años había estado tratando de negociar un derecho de paso a través de la propiedad del viejo Riggs, hasta el río. ¡Ahí estaba yo, gastando la mitad de mi tiempo en bombear agua, mientras que en el punto más angosto de la propiedad de Riggs, el río con todo su caudal pasaba a 45 metros de mi propiedad! Y no se trataba de que él lo necesitara todo. El río bordeaba su terreno por casi dos kilómetros... ¡y no quería venderme ni una pulgada!

A medida que se acercaba la Navidad, mi esposa andaba muy ocupada, revisando el altillo, buscando cosas para hacer o transformar, y materiales con los cuales hacer decoraciones. Linda era un espectador interesado. Cierto día, me hizo una sugerencia.

—Quiero darle un regalo de Navidad al Sr. Riggs —dijo.

Quedé pasmado de asombro, pero logré decirle:

—¿Qué le podrías dar al Sr. Riggs, Linda?

—Le pediría a mamá que le hiciera unos guantes como los que te hace a ti —fue la confiada respuesta de Linda.

—¡Puf! —dije, abruptamente—. ¡Ese viejo es tan avaro que ni se los pondría!

Enseguida me di cuenta de que había cometido un error. Linda agachó su cabecita y empezó a trazar círculos con el dedo pulgar de su pie, según era su costumbre.

—El Sr. Riggs es mi amigo —dijo—. Me deja comer las peras de ese peral grande que tiene en su patio.

Quedé tan sorprendido como si me hubiera contado que le había enseñado a uno de los gatos monteses a cazar ratones en la cocina. Pero, por lo bien que la conocía, no debiera haberme sorprendido tanto. Yo ni le hubiera dado al viejo avaro la hora de su propio reloj, pero a Linda no le podía negar nada, cuando se ponía así. Además, vi en eso la mano de Juana, que a pesar de ser la mujer más suave y dulce de todas, en cosas así despliega una voluntad de hierro que no acepta oposición. Me arrodillé junto a Linda y la tomé en mis brazos. "Verás, queridita —le dije—, ¡si quieres darle unos guantes al Sr. Riggs, dáselos, haz lo que te parezca!"

Cada invierno mi esposa me hacía varios pares de guantes. Los cortaba de las mejores partes de mis overoles gastados y los forraba con trozos de frazadas viejas. Luego tejía unos puños de lana y se los agregaba, cosidos.

Esos eran los guantes que Linda quería regalarle anuestro viejo vecino. Juana cortó dos pares para el viejo Riggs, pero dejó que Linda los cosiera. Uno lo cortó de mis overoles, pero en el ático encontró una falda vieja —creo que del color más rojo que yo haya visto—, y de ella cortó el otro par. Cuando estuvieron terminados, fueron a parar a una caja, junto con algunas galletas de miel de las que hacía Juana. La víspera de Navidad, antes que oscureciera, Linda tomó la caja y la fue a dejar en el portal de la casa de Riggs.

Como a las 11 de la mañana siguiente, habiendo terminado mis tareas, me encontraba sentado en la sala, mientras Juana y Linda preparaban nuestro almuerzo de Navidad. De pronto, con un estruendo como un terremoto en una fábrica de cacerolas, el Ford Modelo T del viejo Riggs apareció en el patio de nuestra casa. Como siempre, sus manos estrangulaban el timón, ¡pero esta vez venían forradas de los mitones color rojo llameante!

Se detuvo bruscamente frente a la entrada, y se bajó con dificultad. Me asombró aun más el verlo sacar del asiento trasero una caja grande de cartón. Luego caminó hasta la puerta del frente y golpeó, mientras sujetaba la caja bajo el brazo. Después de un brevísimo saludo, preguntó por Linda. Cuando la niña vino de la cocina, Riggs introdujo su mano en la caja y sacó de ella algo. ¡Allí estaba, más bello que nunca, el fabuloso abriguito celeste!

Linda lanzó un grito de incontenible alegría, y luego, en forma típicamente femenina, se puso a sollozar. El Sr. Riggs le acarició la cabeza con la mano, en un gesto extrañamente gentil.

—¿Sabes? —le dijo—, hace mucho tiempo, yo también tuve una niñita como tú. Sólo que su cabello era rojo.

Quiso decir algo más, pero sólo sus labios se movieron. En ese momento, Juana salió de la cocina. Y añadiendo una sorpresa a otra, el viejo Riggs nuevamente buscó algo en la caja. ¡Lo que le entregó a Juana era una cartera de cuero trabajado a mano que le debía haber costado tanto como el abrigo! Riggs me miró. "Espero —gruñó— que no le importe que yo le dé un regalo de Navidad a su esposa, Juan".

La invitación a quedarse a almorzar que le hice a Riggs no fue un mero gesto de cortesía. El viejo empezó a tartamudear y poner excusas. Pero Juana no quiso aceptárselas. "¡Tonterías! —lo regaño—. Hay más que suficiente para todos, y estará listo en un momento. De todos modos —y con eso cerró su argumento—, ya preparé un puesto para usted.

Pobres éramos, pero nunca pasamos hambre. La granja producía en abundancia, cosas nutritivas y deliciosas. Además, Juana era una cocinera que podía transformar el alimento más sencillo en un banquete. No había pavo,pero sí un pollo bien gordo, de los que criábamos, además de un par de conejos que yo había cazado el día anterior, preparados, desde luego, con un abundante aderezo del rico pan de maíz que hacía mi esposa. No teníamos té ni café, pero había leche y jugo de manzana en abundancia.

Se veía que el vecino estaba gozando con la comida. En sus ojos había una mirada soñadora. En un momento miró a Juana, comenzó a decir algo y se detuvo; por fin, dijo: "Uno, cuando vive solo, como que se olvida del toque femenino en la comida".

Después de la comida, Riggs me acompañó a la sala, fumando una pipa llena de mi tabaco, preparado en casa. Pero finalmente se puso el abrigo y se dirigió a la puerta. "Tengo que hacer mis tareas —explicó. De pronto, se volvió hacia mí, y dijo—: "Sabe, Juan, hay un lugar a un extremo de mi finca, donde antes pasaba un camino. Si quiere cercarlo, sus animales pueden pasar por ahí, y no le costará un centavo".

Al salir por la puerta delantera, agitó sus guantes rojos y dijo: "Feliz Navidad, Linda. Si llevas un canasto a mi casa, lo llenaré de peras para tus padres".

LA PROMESA DE LA MUÑECA

Ruth C. Ikerman

El acto de dar nos transforma y ennoblece, no importa cuál sea nuestra edad, especialmente si el motivo es correcto y el don representa verdadero sacrificio de parte del dador. La historia que sigue, aunque corta, nos trae un poderoso mensaje.

Cuando me encontré con mi amiga en la calle atestada, me extendió la mano y me dijo: "Ojalá me puedas ayudar. ¡Estoy desesperada!" Con voz cansada me explicó: "¡Estoy por echarme a llorar, y todo por una muñeca! ¡Es que *tengo* que conseguirle una muñeca a mi nieta!"

Al ver cómo sus ojos se llenaban de lágrimas, recordé el terrible choque que todos sentimos por la muerte de su hija, que había sido una joven madre alegre y llena de energía, hasta cuando cayera enferma, hacía varios meses. El joven padre desempeñaba muy bien su papel con la niñita, pero la mayor parte de la tarea de planear cosas buenas recaía sobre la abuela. Eso explicaba su diligencia navideña.

—Me culpo enteramente a mí misma de esto —me dijo—, por no haberlo hecho antes, pero nunca pensé que fuera un problema encontrar una de estas muñecas especiales. El hecho es que en toda la ciudad no queda una sola de estas muñecas.

—Bueno, ¿y por qué no puedes regalarle algún otro tipo de muñeca? —le pregunté. Ella hizo un gesto negativo con la cabeza.

—Una de las últimas cosas que mi hija me dijo antes que el dolor se hiciera demasiado intenso, era cuánto lamentaba no haber querido comprarle una muñeca de ésas a su muchachita. Me dijo que le había parecido que la niña era demasiado pequeña para una muñeca así, y se había negado a comprarla para su cumpleaños, pensando que habría muchas ocasiones en el futuro cuando podría hacerlo.

La niña se había acercado al lecho de su madre, y le había preguntado si la muñeca podría llegar para la Navidad. La madre respondió: "Te prometo que para Navidad la tendrás". Entonces le había pedido a su propia madre: "Te ruego que te asegures de que mi hijita recibe esa muñeca esta Navidad".

Ahora, mi amiga estaba a punto de fracasar en su misión. "Fue pura culpa mía —repetía—. Esperé hasta que fue demasiado tarde. Ahora se necesitará un milagro..."

Secretamente yo estaba de acuerdo, pero procuré, por cortesía, poner cara de valor. "Quizá la niña se ha olvidado, y se contentará con alguna otra cosa".

Con expresión sombría, mi amiga replicó: "Ella podrá olvidarse, pero yo no". Nos separamos, cada cual por su camino.

Con mi mente ocupada sólo a medias en mis compras, encontré una cinta que una vecina necesitaba para terminar una frazadita de bebé que estaba haciendo. Unos minutos después me detuve a su puerta para entregarle el encargo, y me invitó a pasar.

Sus dos hijitas estaban sentadas en el suelo, jugando con sus muñecas. Al sentarme, noté que una de las muñecas era del mismo tipo que mi amiga buscaba. Esperanzada, pregunté:

—¿Se acuerda usted dónde consiguió esa muñeca?

Mi vecina me miró con una cálida sonrisa.

—Esa no es una muñeca —me dijo—. Es un miembro de la familia, y hasta donde yo pueda ver, no parece haber sido hecha, sino que debe haber nacido. Llegó hasta nosotros en avión, enviada por una tía favorita que vive en el este del país.

Le conté entonces que yo tenía una amiga que andaba buscando desesperada una muñeca así para la niñita cuya madre había muerto hacía poco. Aparentemente sin ponernos atención, las dos niñas jugaban, felices. La madre y yo hablábamos en términos adultos, acerca de cómo afrontar la pérdida de un ser amado cuando vienen las fiestas de fin de año, y de cuánto nos gustaría poder ayudar a mi amiga.

Más tarde, cuando me levanté para marcharme, las dos muchachitas me siguieron hasta la puerta.

—Dolly también está lista para irse —me dijeron. Efectivamente, la muñeca estaba vestida con un abrigo de terciopelo rojo, y tenía puestos un sombrero y un manguito de piel blanca.

—Y ¿a dónde va Dolly? —pregunté.

—Se va con usted, por supuesto. Usted sabe dónde vive la señora, ¿verdad? La que necesita tanto la muñeca...

Comencé a decirles que, por supuesto, no podría llevarme esa muñeca. Pero entonces miré sus rostros, radiantes de felicidad en el momento de dar. Si me equivocaba en lo que les iba a decir, me advirtió algo en mi corazón, podría arruinarles para el resto de sus vidas el gozo de dar. Tomé la muñeca en silencio, y puse mucha atención a la tarea de buscar la llave de mi automóvil, para que no vieran la niebla sobre mis ojos.

La madre les preguntó:

—¿Están ustedes dos seguras de que quieren hacer esto?

—¡Claro que sí...! —respondieron. La madre las abrazó tiernamente.

Más tarde toqué a la puerta de mi amiga.

—No me preguntes cómo la conseguí —le dije—, porque todavía no puedo hablar.

Mi amiga acariciaba la muñeca como si estuviera hecha de algún metal precioso. Lágrimas de gozo se asomaron a sus ojos cuando por fin pude contarle el incidente.

—¿Cómo podré alguna vez darles suficientes gracias a esas niñas? —preguntó.

—Ya han recibido una bendición mayor que cualquier cosa que tú o yo pudiéramos darles —respondí.

Así era. En el momento de dar, también ellas habían recibido, en formas que nosotros no podíamos percibir. Había ocurrido un milagro. Se iba a cumplir una promesa que unía el aquí con el más allá, en el eterno círculo de amor del cual es parte integrante el inefable don de la Navidad.

¿HAS VISTO LA ESTRELLA?

Margarita Slattery

Cuarto piso, por favor". La Sra. Castillo salió del elevador y caminó por el amplio pasillo entre los autitos motorizados de juguete, los caballitos mecedores, las muñecas y los juegos. Se detuvo al lado de la barrera que circundaba la sección para los niños, donde los encargados los ayudaban a ponerse alas maravillosas, los levantaban para montarlos sobre los camellos, los elefantes o los caballos del carrusel, o les permitían jugar con pequeños botecitos de vela en un mar en miniatura. La joven estaba fascinada.

Este sería el tercer año que pasaba toda una mañana parada ante esa barrera. La risa alegre y esos rostros felices le hacían recordar a su propio hijito que el mes pasado había cumplido 5 años. Parecía una crueldad que el hombre que había sido su esposo tuviera a ese niño para la Navidad, pero no quería ni pensar en tener que pasar los largos días de verano a la orilla del lago sin su carita sonriente y la afectuosa caricia de sus manitas regordetas. Habían pasado tres años desde que la corte decidiera que los padres podían vivir separados pero compartiendo al niño durante períodos iguales de seis meses. Ahora el padre tenía al niño, y faltaban pocos días para Navidad. Por supuesto, no pretendía encontrarse con su hijo en ese lugar público de juegos, pero le gustaba ver niños que se parecieran a él. Mientras los miraba jugar, de pronto se encontró sollozando y riendo, y luego llorando y riendo al mismo tiempo sin poder controlarse. Una señora con uniforme blanco la condujo al cuarto de emergencia, donde después de lo que le pareció un largo rato, la enfermera le preguntó si había perdido algún niño. La pregunta la hizo reaccionar. Esa gente no tenía derecho de saber. Respondió que se sentía mejor, y llamó un taxi para que la llevara a su casa.

Después del almuerzo, trató en vano de dormir. Mientras se paseaba por el cuarto, sus ojos se fijaron en un librito rojo que había dejado sobre la mesa la semana anterior.

Una amiga la había persuadido a que asistiera a un servicio en el templo. Al final de la reunión, una joven muy bonita le había regalado el libro, diciendo: "Tenga la bondad de leerlo en alguna ocasión". Ella le sonrió y le contestó que sí, pero no lo había hecho. Ahora abrió el librito y acomodándose en el lecho, comenzó a leer los pasajes marcados con rojo.

Demasiado cansada por las tensiones de la mañana, no leyó por mucho tiempo. En cambio, cerrando sus ojos, se puso a pensar en las palabras que había leído. Todo el día el tiempo había estado amenazando lluvia; ahora ésta comenzó a caer y el cuarto se oscureció. Volviendo su rostro hacia la pared, finalmente se durmió y comenzó a soñar.

En su sueño, se encontró en una gran procesión, entre toda clase de gente que caminaba apresurada a lo largo de una carretera hacia la suave cortina gris de una nube que escondía el cielo. Donde la nube tocaba el suelo, se hallaba un hombre, vestido con una larga túnica y un rostro maravilloso.

—¿A dónde van todos ustedes? —comenzó ella a preguntar a los que pasaban por su lado.

Una mujer de cabello cano le respondió:

—A ver la estrella. ¿Sabe usted? Se trata de la estrella de Belén. Dicen que si uno puede verla, su mente y corazón quedarán en paz y uno será feliz el resto de su vida.

La joven miró los rostros tristes de los que la rodeaban, y luego dijo:

—Caminaré con ustedes; parece que todos necesitamos algo que nos haga felices.

Después de un largo rato, se encontró ante el hombre del rostro maravilloso y sus brillantes ojos la miraron.

—¿Deseas ver la estrella? —preguntó.

—Sí, quiero tener paz del alma y del corazón. La necesito.

—¿Puedes pagar? Es una estrella muy cara.

—¿Cuánto debo pagar? —preguntó, temerosa.

—¿Tratarás de perdonarlo? —preguntó él, en voz baja, para que nadie más oyera.

—¡Oh, eso no! —gritó—. ¡Cualquier otra cosa, menos eso!

—Ese es el precio que debes pagar si deseas ver la estrella y conocer su paz.

Pero ella movió la cabeza en sentido negativo, y con pesados pasos se unió a los chasqueados buscadores que iban colina abajo. Las lágrimas llenaban sus ojos mientras iba por el camino, tropezando. Abajo, en la extensa planicie, se veían centenares de muertos tendidos en la nieve, el humo de ciudades en llamas, el resplandor de las explosiones de bombas. Una voz parecía decir: "Si tan sólo los que han causado todo esto a la gente pudieran ver la estrella, la paz reinaría en la tierra. Pero es una estrella muy cara y ellos no están dispuestos a pagar".

Sin poder localizar al que hablaba, caminó por mucho tiempo, y después de largo rato se sentó a descansar. Allí, al pie de la colina, había una casa iluminada. Parados ante la chimenea se hallaban un hombre y una mujer mirándose frente a frente, con sus rostros deformes de odio e ira. Un momento después, el hombre, furioso, se puso su abrigo y salió de la casa. De nuevo la misteriosa voz dijo: "Necesitan ver la estrella, pero no quieren pagar el precio. Ninguno de ellos puede ponerse a sí mismo en el lugar del otro. Mira, contempla los resultados que producen los hogares destruidos. Los niños son quienes sufren las peores consecuencias. El egoísmo ha vuelto a hombres y mujeres sordos y ciegos".

Abrasada por las palabras que parecían tocar lo más íntimo de su alma, ella gritó: "¡Ayúdenme a volver! ¡Debo volver, quiero ver la estrella!"

—Señora, ¿me necesita? ¿Desea algo? Parecía como si tuviera mucho dolor —preguntó la criada, ansiosa y preocupada, junto a la puerta.

—No —contestó—, debo haber estado soñando. Me alegro que me despertaste. Francisco y Luisa vienen a cenar y debo alistarme.

Contrario a su temor habitual de pasar la velada sola, esta vez deseaba que sus amigos se fueran pronto para poder pensar. Cuando por fin se despidieron, la joven corrió a su cuarto, se desvistió rápidamente, y encendió su lámpara de noche para seguir leyendo el Nuevo Testamento.

En la oscuridad comenzó a pensar en los días cuando Jaime Castillo le había declarado su amor. Luego, la boda, el primer año en casa de su suegro, el malentendido... y más tarde, el bebé. Amontonados uno sobre otro vinieron luego los recuerdos de las palabras que ella había pronunciado el día en que el nene cumpliera un año, y la actitud fría y desdeñosa con que Jaime había afrontado las tormentas de su ira.

"El debiera haber sido más paciente", pensó Alma, pero ahora las palabras del sueño la perseguísan: "Ninguno puede ponerse en el lugar del otro. El egoísmo ha cegado tanto a los hombres como a las mujeres". Su mente se vio inundada por los recuerdos del niño, y por la última y terrible escena cuando el esposo le había rogado que probaran una vez más, que hiciera un intento más de comprenderlo.

Jaime había dicho que haría cualquier cosa por protegerlos de la publicidad de la separación, por causa del niño, pero ella había respondido que nunca lo perdonaría, y que lo libraría de la carga que representaban ella y el niño. Se había propuesto llevarse a su hijito de dos años a vivir con ella, pero la corte había rehusado.

Todos sus conflictos habían comenzado por cosas tan pequeñas... ¡pero cuánto dolían los recuerdos! ¿Perdonarlo? ¡Era el precio de la estrella! Si no lo hacía, jamás la vería... La soledad y la nostalgia no podrían ser eliminadas, porque ahora no le sería posible luchar contra ellas recurriendo a pensamientos duros y amargos, como antes. Finalmente, a la luz grisácea del amanecer, se levantó y se arrodilló junto a su lecho. Pasó largo rato en silencio. Por fin, lentamente y en voz alta, pudo dirigir este ruego a la Presencia: "¡Muéstrame la estrella! Yo pagaré... *trataré* de perdonarlo. ¡Lo perdonaré! ¡Ayúdame!" Esa fue su primera oración. En su corazón se hizo presente una sensación de paz. Consolada y consciente de la fuerza que la sustentaba, volvió a su cama. Las estrellas se iban desvaneciendo. Una parecía más brillante que las otras, y se quedó dormida contemplándola.

Mientras Alma Castillo se alistaba para la cena tratando en vano de librarse del recuerdo de su sueño, el hombre que había sido su compañero en lo que a menudo llamaba con sarcasmo "su desilusión", se hallaba sentado en la sala de su hogar con su hijito sentado sobre sus rodillas.

El niño había estado repasando unas líneas que debía recitar con los demás chicos en el programa de Navidad. Con una expresión y exactitud que habrían honrado a un niño de mucho más edad y no de sólo 5 años, repitió las palabras del primer relato de Navidad. Su tía se lo había enseñado cuidadosamente, pero había rehusado contestar sus preguntas acerca de las cosas que ella le enseñaba. Pero esa noche, después de haber recitado su parte para el programa, muchas preguntas brotaron de su boca, incontenibles: ángeles, magos, pastores, camellos, pesebres, oro, incienso y mirra, todo eso hubo que atender. Por fin, el interrogatorio terminó con tres preguntas importantes: "¿Has visto alguna vez la estrella, papá?" "¿La has buscado?" "¿Te gustaría verla?"

El padre musitó unas palabras en sentido negativo. Luego sus pensamientos lo hicieron retroceder muchos años, al día cuando él mismo se esforzaba por repetir estas palabras que había memorizado: "Hemos visto su estrella en el oriente y hemos venido a adorarle". Pronto el niño cambió el tema, y sacudiendo los hombros de su padre le preguntó: "Dime papá, ¿voy a tener un árbol de Navidad?"

—Seguro que sí, un árbol tan grande que tocará el techo este año, ya que ahora eres un niño grande.

—¿Qué habrá en él?

—¿Qué deseas que tenga?

El niño no vaciló ni un momento; era evidente que ya lo había pensado. Cuando, ya sin aliento, terminó de hablar, su padre exclamó: "¿Un árbol? ¡Para todo eso necesitarás un bosque entero!"

—¿Quién vendrá a ver mi árbol de Navidad, papá? ¿Mis primos mayores que vinieron el año pasado, piensan venir?

—Sí, invitaremos a los que tú quieras.

—¿De veras, papá? —dijo acurrucándose entre los brazos de su padre y jugando con los dedos de la mano que lo sujetaba. Quedó en silencio por tan largo rato, que su padre le preguntó:

—Bueno, ¿has decidido ya a quién quieres que invitemos?

—Sí —contestó el niño—; quiero que venga mamá. El año pasado ella no tuvo arbolito. Se lo pregunté en el verano. Sólo recibió regalos, el mío fue el que más le gustó, pero no recibió dulces; nadie se acordó de darle. Papá, ¡cómo quisiera que tú y mamá vivieran en la misma casa! El papá de Elena y su mamá viven en la misma casa, también los papás de Alan —dijo el niño con un suspiro—. Le pedí a mamá todo el verano que viniera a vernos y nunca ha venido. Ella tiene el cabello dorado, y puede nadar muy bien. Me estuvo enseñando, pero no puedo hacerlo muy bien todavía.

Por unos momentos se quedó quieto, luego agregó: "Creo que le pediré a Carlos; es un explorador. Eso será suficiente. Mamá puede contar historias mejor que la tía y mejor que tú, papi. Tal vez ella cuente una de..." Pero la tía los interrumpió diciendo que la hora de dormir se había pasado, y que la cena de papá estaba lista. El niño hablaba poco de la madre, porque nadie le contestaba, y siempre que la mencionaba surgían en los demás sentimientos extraños e incómodos. Pero ya que había empezado a hablar de ella, le resultó difícil dejar de hacerlo y protestó vigorosamente mientras su tía se lo llevaba.

Jaime Castillo no comió con mucho apetito esa noche, ni se sentía inclinado a la conversación. "Cabello dorado"... él mismo se lo había dicho tantas veces... Recordaba el día en el lago y la mirada con que ella le había contestado. ¡Y cómo él le había enseñado a nadar! Era tan vigorosa, que pronto había sobrepasado a su maestro.

Inmediatamente después de la cena, salió para asistir al servicio de oración de mitad de semana, en la iglesia de la cual era un dirigente. Al fallecer su padre, toda la congregación había lamentado la pérdida de ese miembro prominente y verdadero amigo, y habían persuadido al hijo a tomar el puesto de su padre. Ultimamente había procurado dejarlo en repetidas ocasiones, pero nadie lo escuchaba. Por lo regular no asistía al servicio semanal, pero esta noche le habían pedido que estuviera presente, porque más de un centenar de personas habían decidido unirse a la iglesia, el número mayor que jamás se hubiera visto.

Jaime Castillo puso poca atención a los himnos, y ninguna a la oración, aunque mantuvo su cabeza inclinada. Se hallaba perdido en sus propios pensamientos mientras el pastor introducía el tema, pero reaccionó repentinamente, al escuchar estas palabras: "¿Han visto la estrella? Me refiero a ustedes, hombres y mujeres de esta ciudad. . .", y por la pregunta de su hijito: "¿Has visto la estrella, papi?" El pastor estaba seguro de que no muchos la habían visto. Mencionó que a la gente de hoy le resulta difícil buscar estrellas. Dijo que aman su propia voluntad y sus caminos, están llenos de orgullo, empapados de codicia y egoísmo. . .

Esa noche, Jaime Castillo se encaminó solo a su hogar. Desde el día en que la corte, impresionada por su influencia, su dinero y su exigencia, había decidido que el niño pasara con él la mitad del año, las fiestas de fin de año habían sido una fuente de temor. Conforme el niño crecía, el extraño arreglo de una madre en el verano y un padre en el invierno, pero nunca ambos al mismo tiempo, lo tenía confundido, y las preguntas que ahora hacía eran difíciles de contestar. Algún día habría que decirle al niño. Pero ¿qué le diría? ¿Qué influencia tendría sobre su vida el mal ejemplo de ellos cuando le tocara enfrentar sus propias tentaciones?

En camino hacia su propio cuarto, el padre se detuvo a mirar al pequeño. ¡Cuán a menudo gozaba contemplando al niño, tan parecido a él, y deseando que nunca dejara de tener 5 años! Esa noche se detuvo por más tiempo, luego se fue a acostar. Allí quedó, mirando la oscuridad, pensando en cosas que aun su fuerte voluntad no podía desvanecer. No sabía que a una distancia de media hora, su ex esposa luchaba por perdonarlo para así poder ver una estrella...

A pesar de todos sus esfuerzos por evitarlo, comenzó a recordar sus palabras burlonas cuando la corte le había asignado la custodia de su hijo. Recordaba la forma intolerante en la cual, durante los primeros años, había tildado a su esposa de irrazonable y cómo se había burlado de sus decisiones. Ella era joven, había sido hija única y consentida, y él no le había dado tiempo para que aprendiera otra manera de comportarse. Por primera vez se sintió avergonzado. Dejó de luchar contra los recuerdos y dejó que volvieran... la noche en que el niño nació... cuán valiente se había portado ella... Por un momento sintió deseos de correr a buscarla para decirle cuán injusto había sido, pero jamás había reconocido sus faltas ante nadie...

A la mañana siguiente no vio al niño. Estaba lloviendo, y al salir afuera, al aire frío, la vida le pareció desagradable. Su negocio le resultaba tedioso durante las fiestas, y esa tarde, terminó su trabajo a las tres. Se sentó a mirar más allá de los techos y edificios de la ciudad, pensando a pesar suyo en el deseo que su hijo expresara, de que su madre viniera a ver el árbol de Navidad, y recordando lo del cabello dorado y las historias. Por supuesto que ella no iba a venir, pero ¿qué explicación se le daría al niño? Tal vez convendría enviar al muchachito para que pasara la Navidad con ella... Las palabras resonaron en su mente como si alguien las hubiera pronunciado en voz alta. Eso no podría ser, se dijo, pero las palabras del pastor que había predicado la noche anterior penetraban con insistencia en su conciencia.

La suya era una posición perfecta: el cargo de su padre, su negocio, su hogar, todo lo que poseía lo había heredado de su padre, y sin embargo, cuando niño o cuando muchacho nunca había podido satisfacer las expectativas que su padre tenía para con él. ¡Y ahora corría el riesgo de repetir la experiencia con su propio hijito!

Jaime examinó la expresión inteligente y decisiva que había en el rostro de su padre, en la foto que mantenía sobre su escritorio. Las lágrimas inundaron sus ojos y, cediendo a un impulso repentino e incontrolable, inclinó su cabeza sobre el escritorio y exclamó: "¡Oh, Dios, ayúdame!"

Se quedó allí sentado largo tiempo, hasta que sucedió algo milagroso... El Creador tocó el alma del hombre que había hecho, y completó su creación. Las palabras que le fueron arrancadas a esa alma despertada fueron las de un hombre fuerte que se entregaba a una voluntad mayor, diciendo en medio de su terrible conflicto: "Haré lo que sea correcto... Tu voluntad". La presencia fortalecedora de un Hermano que había pasado por el Getsemaní en forma humana, se hizo presente en esa oficina del duodécimo piso tan calladamente que la ruidosa y agitada vida de la ciudad continuó sin que nadie se percatara.

Eran pasadas las cinco cuando dejó la oficina. Había hecho sus planes. Enviaría al niño a casa de su madre en la mañana para que la acompañara durante las fiestas de fin de año, y luego mandaría también el árbol. Cuando se lo dijo al niño, un grito de gozo llenó la casa. "¡Papito, papito! ¿No podemos ir ahora mismo?" El "podemos" hirió el corazón del padre, que no pudo evitar sentir una punzada de celos al ver cómo el niño palmoteaba y danzaba por el cuarto.

Esa noche, a la tía le resultó difícil hacer que el niño se acostara, pero no hizo ningún comentario. Cuando, horas más tarde, Jaime Castillo se asomó al cuarto del muchachito, éste se agitó, inquieto, abrió los ojos y, viendo a su padre, se incorporó rápidamente y exclamó: "¿Ya es la mañana, papito?" El padre movió la cabeza en-sentido negativo, besó la carita adormitada diciendo quela mañana llegaría pronto, y luego se dirigió a su propio cuarto. A pesar de las horas de insomnio y de la llegada prematura del amanecer, se levantó sintiendo en su mente y corazón una extraña calma que nunca antes había experimentado.

A las ocho de la mañana telefonearon para saber si la Sra. Castillo estaría en casa. Efectivamente, allí estaría, hasta las once. A las nueve y media, con su valija preparada, el niño, enfundado en su abriguito con cuello de piel que lo hacía verse, en las palabras de su tía, "perfectamente adorable", subió al automóvil con su padre y una criada. El padre comenzó a darle al niño, que lo escuchaba a medias, una serie de instrucciones en relación con lo que debía decir y hacer. "Dile a tu madre que papá te envió a pasar con ella las fiestas, porque tú querías que ella viera tu árbol de Navidad. El árbol llegará al mediodía. Dile que eres una visita navideña. Puedes quedarte hasta el Año Nuevo. Después María te irá a buscar. Escucha, hijito, no te olvides de llamar por teléfono a papá todos los días a las cuatro y media de la tarde. Estaré en la oficina el día de Navidad también. No te olvides".

El chofer estaba estacionando el automóvil. Ahí estaba el apartamento. El hombre tomó a su hijito y, abrazándolo estrechamente, lo besó repetidas veces. De pronto sintió que la divina voluntad de la Corte celestial podría requerir de él que dejara permanentemente con la solitaria mujer al niño que la amaba y echaba de menos. Pero hacer ese sacrificio le parecía demasiado grande...

No fue sino hasta ver que la criada tomaba la valija que el niño se dio cuenta de que su padre no entraría a la casa con él. Se detuvo en la acera. "¿Y tú no vienes, papá?" Ante la respuesta negativa de su padre, la carita se ensombreció. "Entonces, ¿va a ser como el verano?" preguntó tristemente.

El padre casi no le pudo responder. "¡Apúrate, chiquitín! —le dijo—. No olvides que eres una sorpresa de Navidad. Imagínate cuán admirada va a estar mamá. Al mediodía te voy a mandar el arbolito". Miró cómo entraban por el amplio portal del moderno edificio, y luego se alejó rápidamente, consciente de una Presencia que calmaba su ser interior.

Cuando sonó el timbre, Alma Castillo estaba escribiendo una lista de nombres. El día anterior había sido el primero después de varios años, en que había disfrutado de paz, o aun de un asomo de felicidad. La lista de nombres incluía antiguos amigos que había descuidado por largo tiempo, personas amantes de los libros a quienes les podría entregar un regalo en la mañana de Navidad; luego planeaba ir a la iglesia que no visitaba en Navidad desde los tiempos de su niñez.

Con cada pensamiento de temor por el día que debía afrontar, surgía también en ella el recuerdo alentador de la estrella que había pagado para ver. No escuchó el timbre, por lo cual la asombró mucho oir la exclamación de su criada, seguida de una risa infantil. En el momento siguiente estaba en el pasillo. La sorpresa era casi demasiado grande, pero lo oyó decir: "Papá me dejó venir. Soy una visita navideña, una sorpresa, y el arbolito va a llegar a mediodía, porque yo quería que tú fueras a ver mi arbolito de Navidad".

Si no hubiera sido por el gozo evidente del niño, y por su insistencia en que vaciaran la valija, sus preguntas de dónde pondrían el arbolito, qué adornos debería tener, y si Carlos el explorador vendría... en fin, una verdadera andanada de preguntas que no le dio tiempo para pensar, Alma no podría haber controlado las emociones que la embargaban.

Al mediodía, se sentaron para almorzar junto a la mesita que ella siempre usaba para el niño cuando iban al lago. El chico la miró sonriendo ampliamente, y le dijo: "¡Qué lindo! ¿verdad, mamá? Es tal como en el verano, sólo que ya va a ser Navidad".

La madre no pudo contener por más tiempo las lágrimas, y huyó a su cuarto. Pero el niño la siguió, preguntando: "¿Llegó ya el arbolito? ¿Ya está aquí? Papá dijo que lo iba a mandar".

Así era. Había que atender eso, y no había tiempo para llantos cuando era preciso preparar un arbolito navideño. Con el árbol llegó una caja llena de toda clase de adornos, y eran casi las cuatro de la tarde cuando las últimas guirnaldas y bolitas de alegres colores, así como velas para encender, Santa Clauses de diversos tamaños, y una hermosísima estrella eléctrica, estuvieron instalados en las ramas a satisfacción de ambos decoradores.

El niño se sentía cansado, y feliz de reposar inmóvil en los brazos de su madre, escuchando "La noche antes de Navidad". "Cuéntamela, mamá —rogó—. Papá no sabe esa historia, y mi tía no la cuenta lo mismo que tú".

Dos o tres veces había preguntado si ya eran las cuatro y media, y cuando se terminó el relato, volvió a hacer la pregunta.

—¿Por qué quieres saberlo, querido? —le preguntó la madre.

—Porque tengo que llamar a mi papá todos los días. No debo olvidarme" —respondió el niño.

—Ahora son las cuatro y media —dijo la madre, y el niño corrió al teléfono. A ella le parecía que todavía era casi un bebé, y escuchó asombrada cómo la clara vocecita daba el número correcto. No sabía cuántas veces el niño había interrumpido importantes entrevistas de negocios desde que aprendió a llamar.

—Bueno, papito... ya vino. ¡Sí, fue una sorpresa bien grande para ella! Ya lo decoramos. Sí, está bien lindo... Me gusta mucho... Todavía no tiene regalos, pero en la mañana van a estar ahí... Sí, un montón". Después, muy azorada, lo oyó decir en tono de ruego: "Papito, ¡por favor ven a verlo antes que yo me tenga que ir a dormir! Entonces podemos encender la estrella, cuando esté oscuro. ¿Vas a venir?... ¡No, papi! ¡Esta noche! ¿Qué?" El niño se volvió a su madre: "Papá pregunta que si puede venir a verlo, y yo le dije que te iba a preguntar. ¿Puede venir, mamita? Dime que sí, pero rápido... ¡Sí puedes venir, papi! Le pregunté así, de buen modo, y dice que está bien que vengas".

En la otra punta de la línea, el padre trató de hablar con calma, pero el niño dijo: "¡No escucho lo que dices, papi! ¿...qué? Bueno, adiós... ¡Va a venir a las seis y media! —anunció—.¡Mami, mami! ¡Qué felices nos sentimos!"

La mujer, con su cabeza descansando entre sus manos, no sabía qué responder. El niño la miró, un tanto dudoso, y ella le dijo, en tono aparentemente feliz: "Mi muchachito tiene que tomar una siesta en seguida. A las seis te voy a despertar, y así estaremos listos para cuando venga papá".

El niño le echó los bracitos al cuello en un apretado abrazo; los besos cariñosos del que desde sus tiempos de bebé fuera un niño especialmente afectuoso le parecieron tan agradables que se tendió a su lado pensando cuán hermosa sería su vida si nunca más tuviera que verlo partir. Los brazos se fueron poniendo laxos; el niño se acomodó de costado y se quedó tranquilamente dormido. La madre lo contempló largo rato, llevándose una y otra vez a los labios una suave manita. "Le diré que he pagado por ver la estrella. Sí, lo perdono. ¿Me oyes, mi niño?" Pero el muchachito dormía, sin escucharla.

La madre no necesitó despertar a su hijito. En menos de una hora se sentó en la cama, restregándose los ojos y preguntando: "¿Ya vino papá? ¿Podemos encender la estrella? Ya está oscuro, ¿no es cierto?" Luego saltó del lecho para que lo alistaran.

Sonó el timbre; era tan sólo el cartero que traía, muy tarde, la última correspondencia. Más tarde sonó de nuevo, pero era una caja de flores que enviaba un amigo. Por fin sonó por tercera vez, y Alma escuchó el saludo frío y formal de su criada. El niño corrió hacia su padre, pero él casi no le puso atención. Estaba mirando más allá del niño, a los ojos de Alma, a quien no había visto por tres años. En el rostro de ella brillaba una luz nueva y maravillosa. Jaime había planeado minuciosamente lo que pensaba decir, que procuraran ser amigos por causa del niño, pero en vez de las palabras cuidadosamente escogidas, exclamó con voz apasionada: "¡Trata de perdonarme, te lo ruego!", y extendió sus brazos hacia ella.

Alma miró el rostro de él y vio allí algo que no había visto en todos los años anteriores. No sabia que su ex esposo acababa de descubrir su propia alma; pero sí supo en un momento que sí queria —más aún, anhelaba—perdonar y ser perdonada. "¡Sí, sí! ¡Te perdono!" respondió, y corrió hacia él. Esos momentos parecieron borrar el dolor de los años transcurridos.

El niño esperaba, un tanto confuso ante la escena, que no le resultaba del todo agradable. De pronto, con un dejo de impaciencia, protestó: "¡Vamos, mamá, mostrémosle el arbolito! ¡Papi, mira la estrella! ¡Está encendida!"

Pero el hombre y la mujer que siguieron a su hijo a la sala donde resplandecía el árbol navideño habían visto otra Estrella, a cuya luz se desvanecía el egoísmo, una estrella costosa que trajo la paz y la reconciliación, una estrella que todos los hombres, mujeres y naciones del mundo pueden ver, si tan sólo se disponen a pagar el precio.

UN HUÉSPED EN CASA

Ruth Emery Amanrude

Muchos de nosotros necesitamos una vida entera para aprender estas sencillas lecciones: debemos ser reales, genuinos, y compartir con otros las cosas, las tradiciones y la gente que amamos y consideramos importantes para nosotros. Este relato es uno de los favoritos de mi familia, porque corta a través de nuestras formalidades y llega al corazón de la Navidad, la esencia de la fiesta: una nueva celebración del nacimiento, vida, muerte y resurrección de nuestro Señor.

LA REACCION de José ante la idea de un árbol de Navidad de color rosado fue un "¡No!" claro e inflexible. Y pensar que ella lo había planeado todo por causa de él, para que pudieran hacer una buena impresión ante los Widdam, ¡pero José era tan sin gracia!

Edna había comenzado a planear una actividad especial para la víspera de Navidad la noche cuando José le dijo que planeaba invitar a Clarisa y Eduardo Widdam para Navidad. Aun mientras protestaba que la casa era demasiado pequeña y sencilla para recibir a sus nuevos vecinos, siempre tan bien presentados, en su mente iba preparando su lista.

Tenía que hacer buena impresión. Los Widdam eran, obviamente, gente que hacía las cosas bien. Su nueva casa era la mejor del barrio; el garaje adjunto contenía dos automóviles relucientes. El solo hecho de encontrarse con Clarisa Widdam, tan bien vestida, en el supermercado, hacía que Edna se sintiera mal arreglada y hasta desaliñada. Y José quería invitar a los Widdam para la víspera de Navidad.

—¡Estaban encantados, querida! —José le dijo a Edna cuando ella le recordó nuevamente que su manera de celebrar la Navidad era tan anticuada—. Esta será su primera Navidad desde que Eduardo fue trasladado, y como han estado tan poco tiempo aquí, prácticamente no conocen a nadie. ¡Y a Eduardo le encantan los niños, Edna! Hasta quiere ayudar a entrenar uno de los equipos infantiles de béisbol este verano.

—¡Ah, bueno! —dijo Edna, con sorna—, así los podremos entretener, entonces. Vamos a jugar un partido de pelota. ¡Con el tío Manuel, la tía Elena y el primo Fred, tenemos precisamente lo necesario para un equipo!

Edna estaba furiosa con José. En cualquier otra época, hubiera estado feliz con una actividad así... ¡pero no en Navidad!

Estarían presentes el tío Manuel y la tía Elena, cada uno con las últimas noticias acerca de sus dolores y achaques, y sus respectivos remedios. Fred, el primo de José, un tipo bondadoso pero que no despertaba ningún interés, vendría con sus paquetes de tienda barata y sus extensas explicaciones de por qué los frascos de colonia de tamaño grande eran la compra más práctica. Los niños estarían muy excitados, y las buenas maneras y el encanto natural se perderían con esa mezcla inapropiada.

Para Edna, todo comenzaba con una lista, de modo que anotó cada detalle de una cena sencilla pero encantadora. Planeó el tiempo de los niños para que no se pusieran demasiado inquietos. Había revisado, vuelto a escribir y reorganizado hasta que la lista estaba perfecta. ¡Y ahora no la podía encontrar!

"¿Dónde la puse?" se preguntaba, desesperada, mientras revolvía todos los escondites conocidos de la casa. Quizá los chicos sabían. Por cierto que encontraban todo lo demás que se escondía.

La sala tenía ese aire de viernes de tarde, más un pequeño desorden extra por los paquetes de regalos traídos de las fiestas navideñas escolares, que había que volver a envolver. Era el viernes antes de Navidad, pero aun más importante para Edna, ¡era el "viernes antes de los Widdam"!

—Veo que Félix ya llegó a casa —murmuró Edna, mirando el par de patines de hielo, un montón de toallas húmedas y algo que parecía una trampa oxidada, todo ello justo dentro de la puerta de entrada—. Para él, la casa no es otra cosa que un gran armario.

—Félix acompañó a una chica a su casa —rió Amanda, ahora completamente forrada en la cortina de baño.

—¡Qué bueno! —comentó Edna—. Ojalá que lo inspire a peinarse y meterse las faldas de la camisa dentro del pantalón.

—Es una empalagosa, y Félix también.

Ahora Amanda estaba elevando con una mano uno de los candeleros de bronce de Félix.

—¡Está bien, Amanda, me doy por vencida! ¿Qué eres: la Estatua de la Libertad?

—¡Pero, mamá! ¿No conoces a un sabio varón de oriente cuando lo ves? —Amanda se mostró sorprendida por la falta de aprecio de su madre.

—No, creo que no. No he visto muchos varones sabios... por lo menos, no últimamente.

—¡Pero este sabio de oriente es bíblico! ¡Es para el programa de la iglesia! ¿Ya te olvidaste?

Ay, caramba, casi me había olvidado, pensó Edna, pero dijo:

—¡No, claro! ¿Ya te sabes tu parte?

—Mi parte y la de todos los demás también —retrucó Amanda, con el tono de sabelotodo que Edna hallaba intolerable a veces—. ¿Sera así como debe verse un sabio de oriente, mamá?

—Exactamente, querida, y ahora *sé una persona sabia* tú misma, y acuérdate dónde viste esa lista.

—La vi en tu mano, eso fue, y me parece una tontería. ¡Una lista de lo que hay que hacer en Navidad! ¡Si siempre hacemos lo mismo!

Ahora, Amanda era nuevamente Amanda, y la cortina de baño era otra vez una simple cortina de baño.

Ese es precisamente el problema, pensó Edna. *Siempre hacemos lo mismo.* Pero este año *tenía* que ser distinto. Tendría que hacer una nueva lista, eso era todo.

El piano comenzó a sonar en el otro cuarto. "¡Oh, no! —se quejó—. ¡Otra vez!"

Dos meses atrás, Carolina, de 8 años, se había empacado como una mula a cada mención de sus prácticas de piano. De pronto, cambió. Dos semanas atrás, había llegado a casa con sus ojos oscuros chispeantes, exclamando: "¡Tengo una pieza especial! ¡Para dos manos! ¡Y tiene escalas y todo!"

Para Edna, las lecciones de Carolina no eran evidencia de capacidad musical; sólo comprobaban que era ambidextra, y que sus manos izquierda y derecha podían actuar completamente independientes la una de la otra. A veces Edna se sentía segura de que estaban tocando dos piezas diferentes. Pero Carolina seguía adelante, contando sus "Un-y-dos-y..." casi tan fuerte como tocaba esas notas discordantes. Hoy, la cosa fue demasiado lejos.

—Carola, por favor. ¡Carolina! —Edna tuvo que esperar que pasara el "Un-y-dos-y..." para hacerse oir. Para su sorpresa, la figurita de Carolina apareció con toda prontitud.

—¡Hola, mamá! ¿Dónde has estado? Tuvimos una fiesta en la escuela, y cada uno recibimos un cuaderno de autógrafos que nos regaló la Srta. Buckley, ¡y nos dejaron traer a casa nuestras decoraciones para el arbolito!

Y ahí estaban, enrolladas en sus bracitos regordetes, metros y metros de cadena de papel rojo anaranjado. ¡Oh, no!, pensó Edna. ¡Cualquier cosa menos *naranja!*

—Están bien lindas, querida —dijo Edna, controlándose—, pero, ¿no quieres que las pongamos mejor en el cuarto de juegos?

—¡Oh, no, mamá! ¡Son para todos, no sólo para mí! Amanda tiene muchas cosas más que yo en el arbolito.

La voz de Carolina decía claramente cuánto significado tenía para ella la tosca cadena de papel, y a Edna no le costaba imaginarse la cabecita de brillantes cabellos oscuros inclinada en su tarea de hacer algo "para todos".

—Muy bien, querida. La vamos a poner con todas las otras cosas de Navidad —dijo Edna, resuelta a encontrar un lugar para la cadena, Widdams o no Widdams.

La gran caja que sacaban cada año del clóset donde guardaban lo que no se usaba con frecuencia, contenía una colección impresionante de tesoros semejantes a ése, cada uno marcado cuidadosamente: "Félix, primer año", "Amanda, kindergarten", etc. En cada Navidad los objetos se veían un poquito más gastados que antes, pero por lo mismo, más preciosos.

Este año, la caja presentaba un verdadero problema para Edna, porque el primer ítem de su lista había sido el arbolito navideño rosado. Pero a José le habían salido chispas.

—¡A quién se le ocurre, un árbol de Navidad rosado!

El simpático rostro irlandés de José no tenía nada de simpático en ese momento.

—Escucha, Edna, los Widdam vienen a pasar *nuestra* Navidad, al estilo *nuestro*. ¡Y eso no incluye un pino rosado!

—¡Ay, José! ¿No podemos siquiera una vez hacer algo con un poco de estilo? —rogó Edna. Pero José se mantuvo inconmovible.

—Querida, puedes *estilar* todo lo que quieras, pero tú sabes que por mucho tiempo los niños han estado ilusionados con un árbol de la plantación de Carlson. El viaje a cortarlo es también parte de Navidad, y a los chicos les encanta... y a mí también. ¡Olvídate del arbolito rosado!

—¡Muy bien, entonces! ¡Te saldrás con la tuya! Pero bien sabes que estoy planeándolo todo pensando en los Widdam. —Su voz sonaba próxima a las lágrimas, y sus mejillas estaban enrojecidas.

—Bien, mi mascota, póngase a deshacer sus planes, entonces. Celebraremos la Navidad en la forma acostumbrada.

El tono de voz de José indicaba que su decisión era definitiva.

Así que iba a ser el mismo árbol de Navidad, verde y ordinario, con el ángel que Amanda había hecho en kindergarten, las estrellas torcidas que Félix había fabricado con tapas de latas, además de la cadena de papel rosado de Carolina y todas las otras contribuciones desteñidas, con sus trazas de engrudo y huellas digitales.

No se trata de no volverlos a usar nunca, le susurraba a Edna su conciencia. ¡Es sólo que este año es tan especial!

José echó unas cuantas chispas más con motivo del menú.

—¿Qué es eso de asado de vacuno? —preguntó al leer la lista por sobre el hombro de su esposa—. ¿Por qué no vas a hacer *lutfisk*?

—Pero José, cuando recién nos casamos, a ti no te gustaba el *lutfisk* —protestó Edna—. ¡Y ese olor!

—Bueno, pero ahora me gusta, ¡con todo y el olor! —La voz de José se suavizaba a medida que seguía hablando—. Y eso de que no me gustara, amor, es simplemente que para mí era algo nuevo. Yo nunca conocí ninguna tradición navideña, hasta que tú me enseñaste. Lo que yo comía, era comida navideña de restaurante. Y ahora, el *lutfisk* es parte de nuestra Navidad.

Edna se sintió un poco avergonzada, porque recordó también que José, que había vivido en una sucesión de pensiones con su padre viudo, nunca había conocido el calor de una Navidad familiar hasta su casamiento. Se había sentido encantada al ver su sorpresa y deleite con cada nueva tradición que había introducido, y se había sentido un tanto orgullosa de poder traer un verdadero sentimiento navideño a la vida de él.

De modo que la lista fue cambiada: Arbol navideño verde; *Lutfisk.*

Temprano, el sábado por la mañana, José y los niños se fueron a buscar el árbol. Dos horas después volvieron, cantando ruidosamente, y marchando por toda la casa como en un desfile. Luego, toda la familia se puso a decorarlo. Si bien primeramente Edna se sentía poco inclinada a participar, pronto estaba riendo con los demás mientras revisaban el contenido de la caja del tesoro.

—Qué establo más feo —murmuró Félix, pero su rostro brillaba al escuchar las vehementes negativas de los demás familiares.

¡Que se atreva esa Clarisa Widdam a despreciarlo! pensó Edna. Félix colocó las toscas figuras del cordero y el burro frente al establo que había hecho de unas cajas de madera que habían contenido queso.

—¡Aquí está mi ángel! ¿Dónde lo pongo? —chilló Amanda.

—En el mismo lugar de siempre, querida —le respondió su padre, estirándose para colocar el maltrecho ángel en la punta de la rama superior.

A continuación vinieron las estrellas de Félix y la cadena rojo-naranja de Carolina, y entonces Rogelito, con sus ojos muy abiertos, gritó: "¡Mis centellas!", y Edna lo ayudó a colocar sus espirales de papel que oscilaban como resortes y de veras centelleaban, por los trocitos de lentejuelas que tenían.

Uno por uno, los tesoros iban siendo descubiertos de nuevo. El *tomte gabbe*, y Edna se sintió emocionada al oir a José explicarle a Rogelio que ése no era Santa Claus, sino un pequeño duende que la madre de Edna, la abuela Hanson, había traído de Suecia. El *jul bok*, ya tieso y casi desarmado, pero de igual modo Edna tuvo que explicarles cómo en Suecia cada hogar pone en el patio de la casa un chivo grande de paja durante la temporada navideña. Un espacio fue preparado en la repisa de la chimenea para el *angla spel*, y después de limpiar el bronce, Amanda colocó las cuatro velitas en su lugar, y José acercó a las mechas un fósforo encendido. El *angla spel* era un objeto favorito de los niños, y les encantaba mirar cómo el calor de las velas encendidas hacía que los cuatro angelitos regordetes comenzaran a dar vueltas, cada uno con una varita que pasaba tocando un pequeño carillón de bronce. "¡Ahora también *se oye* como la Navidad!" susurró Carolina, extática.

Entonces José encendió las luces. "¡Oh! —exclamaron en voz baja los niños, al unísono, al ver cómo los suaves tonos azules, rojos y dorados de las pequeñas luces se reflejaban en las lentejuelas y el papel plateado—. ¡Es el arbolito más lindo que hayamos tenido!"

Quedó lindo, pensó Edna, *pero yo quería uno rosado con adornos plateados.*

El domingo llegó la tía Elena, completa con linimento y tabletas para el resfrío, y muy cansada por el viaje en autobús desde Duluth. Eso sí, en cuanto apareció el tío Manuel, se dedicó a un animado intercambio de síntomas que puso un brillo muy saludable en su mirada. No permitiría que le tomaran ventaja; ¡no importa qué achaque nombrara él, ella sufría de algo peor!

Por lo menos, no tengo que preocuparme de entretenerlos a ellos, pensó Edie. *Pero los Widdam van a echarnos una sola mirada y van a oler un solo soplo de ese* lutfisk *mezclado con el linimento de la tía Elena, ¡y van a creer que acabamos de bajar del barco!*

El primo Fred, siempre el favorito de los niños, llegó con los bolsillos llenos y su cara enrojecida bañada en sonrisas, y pronto escapó al cuarto de juegos, donde el barullo pronto se hizo casi insoportable. Aun el papá, que había defendido lealmente el talento musical de Carolina, le pidió por fin que no siguiera. "Uno creería que sabe tocar algo más que esa melodía", se quejó medio en broma, mientras un fuerte "Un-y-dos" acompañaba a una escala a medio terminar.

Rogelio entraba y salía, absorto en misteriosas ocupaciones. Una cuerda. Un cuchillo. Amanda quería que Edna le prestara sus cuentas de coral. Félix *necesitaba* una linterna. Así se pasó el día, y de pronto llegó el lunes, la víspera de Navidad. El día de los Widdam.

"Este día debiera tener 24 horas entre el almuerzo y la cena", comentó Edna, pasando apresurada de una parte a otra de la casa. Apenas había asegurado a la pared la última decoración, cuando llegaron los esposos Widdam.

Eduardo era alegre y amigable, y desde el primer momento los niños se sintieron atraídos a él. Clarisa Widdam sonrió con dulzura y le agradeció a Edna por permitirles venir. "Le dije a Eddie que les causaríamos muchos trajines al venir —dijo, con su suave voz—, pero creo que la idea de tener niños a su alrededor fue una tentación que pudo más que sus buenas maneras".

—¡No, no! ¡Por supuesto que deseábamos tenerlos! —replicó Edna, con entusiasmo, y descubrió que lo decía de corazón.

Clarisa fue generosa en sus cumplidos acerca de la casa y los niños, y con su simpatía se ganó completamente el corazón de la tía Elena. *Es una verdadera dama*, pensó Edna.

Todo anduvo bien, y José no cabía en sí de orgullo mientras los niños exhibían los tesoros del arbolito.

—Las centellas son mías —anunció Rogelito, muy satisfecho—, pero las hice para todos.

—Y yo hice la cadena —añadió Carolina—, y Amanda hizo el ángel cuando tenía sólo seis años de edad.

—Este ángel es muy navideño —comentó Clarisa Widdam.

—El próximo año voy a tener que hacer un nuevo pesebre —dijo Félix, con su voz semi-varonil, haciendo un intento de explicar el tosco pesebre.

—Pero debes conservar este siempre, Félix —le dijo Clarisa—. Es el primero que hiciste, y eso hace que sea especial.

Edna le agradeció en silencio, con una mirada.

El cuarto se veía muy navideño. El pequeño *angla spel* repicaba alegremente, y el festivo resplandor del árbol se reflejaba en los rostros felices de los circunstantes.

De pronto, Clarisa Widdam exclamó: "¿Qué es ese olor que siento?"

¡El corazón de Edna se le fue a los pies! *Ya sabía yo,* pensó. *Hasta aquí nos duró la buena impresión.*

—Es *lutfisk* —explicó José. Daba la impresión de que se refería a un faisán bajo una cubierta de cristal—. Todos los años lo tenemos. Es de Escandinavia, ¿saben?

—¡Claro que lo sé! —respondió Clarisa—, y hace años que no lo como.

Al ver la mirada de sorpresa que le dirigió Edna, Clarisa continuó:

—Pertenezco a esos suecos de Minnesota que se oye mencionar, y me acuerdo que veía el *lutfisk* apilado como leña afuera del almacén de papá. El clima era suficiente frío como para que se conservara hasta que lo llevaban a casa y lo remojaban por varias horas. Luego lo cortaban y amarraban en una bolsa de tela, y lo cocinaban en un gran caldero. Pronto podíamos olerlo por toda la casa. ¡Ah, qué olor más sabroso!

Edna sentía las rodillas débiles. *Y pensar que yo quería hacer carne de vacuno*, pensó.

—Me alegro que le guste. Para nosotros, sin *lutfisk* no es Navidad. ¡Hasta mi irlandés grandote lo come con gusto!

El irlandés grandote le dirigió una sonrisa socarrona y ligeramente acusatoria, que la hizo enrojecer.

—¿Y a quién podría desagradarle? —preguntó Clarisa, desafiando a todos a atreverse a decir algo.

La tía Elena, rejuvenecida por el recuerdo de. la comida, añadió: "¡Y es tan saludable, de tan fácil digestión!" El tío Manuel se limitó a asentir, y el primo Fred dijo que a él la única forma como le gustaba el *lutfisk* era... ¡en grandes cantidades!

Así pues, la cena fue un éxito maravilloso. La conversación se mantuvo alegre y familiar, y los Widdam evidentemente gozaron de todo y con todos. Al retirarse de la mesa, Clarisa Widdam dijo: "Esta es una Navidad que nunca olvidaré. Es casi como si hubiera sido planeada justamente para mí.

Lo fue, pensó Edna, esquivando la mirada de José, *a pesar mío y de mis grandes ideas.*

—¡Es la hora del programa! —exclamó Rogelio, con su melodiosa vocecita, y visitas y familia se acomodaron en la sala.

Cada víspera de Navidad, en seguida después de la cena y antes de abrir ningún regalo, la familia cantaba villancicos y los niños representaban las partes que habían tenido en los programas de la escuela y la iglesia. Edna había esperado postergar la pequeña ceremonia hasta después que se fueran las visitas, y ahora murmuró, casi en son de disculpa: "Les encanta esta parte de la Navidad".

—¡Por supuesto que sí! —asintió Clarisa, con los ojos brillantes, y aplaudió suavemente, animando a los niños a empezar.

Tras uno minutos de conferencia entre susurros en el pasillo, Félix entró con una caja de madera, la cual acomodó cuidadosamente a un extremo del cuarto. Les daba la espalda, pero cuando se hizo a un lado, pudieron ver el suave resplandor que salía de la caja.

—Es una cunita —susurró Clarisa—. Hicieron una cuna para el programa.

Por eso querían una linterna, pensó Edna.

Félix salió en silencio, y Rogelio entró muy serio. En tono infantil y calmado, recitó su poema aprendido en la escuela dominical, titulado "Todos están bienvenidos", y cuando todos aplaudieron, hizo una reverencia formal. Luego, todavía sin sonreír, el niño anunció: "En un minuto vamos a presentar un drama... en cuanto me ponga mi disfraz. Tengo dos partes, porque no somos muchos, y no alcanzamos a *ser* de todo". Entonces sonrió, pero un fuerte susurro proveniente del pasillo le restauró la dignidad, y continuó: "Los participantes en el drama son, la señorita Amanda Collins, que es un sabio de oriente. El señor Félix Collins es el pastor, y yo soy... digo, el señor Rogelio Collins es... el ángel". En ese momento, parecía uno. "La señorita Carolina Collins es la acompa... la que toca el piano". Comenzó a retirarse, pero titubeó lo suficiente para decir: "Todos escribimos el drama, pero Amanda escribió más".

En el pasillo hubo un momento de agitación, y luego Carolina entró y se sentó al piano, llena de dignidad. Mientras los demás entraban, ella tocó un vacilante arreglo de "Noche de Paz". Amanda, resplandeciente en la cortina del baño, y con las cuentas de coral de la mamá sujetando un pañuelo de seda sobre su cabeza, encabezaba la procesión. *En este momento no parece una cortina de baño,* pensó Edna. En sus manos Amanda sujetaba un largo pergamino blanco, y en su rostro había una expresión de reverencia.

A continuación venía Félix, ataviado con la bata rayada de su papá, amarrada con una gruesa cuerda alrededor de su delgada cintura. Llevaba la cabeza cubierta por un capuchón, y llevaba el corderito viejo de juguete perteneciente a Carolina, sujeto bajo el brazo. Rogelio venía último, envuelto en algo blanco y con dos grandes alas de papel prendidas de su espalda. Alrededor de su cabeza tenía una cinta de papel plateado. Al ocupar su lugar detrás de la cunita, el resplandor que salía del interior le añadió luminosidad a su carita de niño, y transformó la banda de papel plateado en un verdadero halo de gloria.

Amanda leyó en su pergamino la historia de Navidad. Los niños permanecieron quietos, moviéndose sólo a medida que progresaba la bella historia. Miraron al cielo y a la Estrella que todos sentían que de veras estaba allí. Expresaron la admiración de los pastores y de los magos. Se arrodillaron en actitud de adoración ante el Pesebre del Niño.

Entonces el piano comenzó a tocar nuevamente. Edna se quedó rígida en su silla cuando reconoció la melodía tan practicada, y su mano buscó la de su esposo. Los dedos de Carolina parecían tan seguros, y si bien sus labios contaron los "Un-y-dos-y-un", no se equivocó en una sola nota.

Perdón, Señor, pensó Edna. *Ellos nunca olvidaron lo que es verdaderamente importante acerca de la Navidad, y yo casi me olvidé. ¡Pensar que tuvieron que recordármelo! No se trata de árboles rosados, ni de cosas que uno puede escribir en una lista. No es el brillo artificial ni las impresiones. Es todo esto: amor, dulzura y el acto de compartir.* Sintió la presión comprensiva de la mano de José en la suya, y con los ojos húmedos de felicidad, escuchó el canto de los niños.

Con dulces y sencillos acentos, sus voces resonaron pronunciando las palabras: "Cumpleaños feliz, cumpleaños feliz. Que lo tengas, Jesús, cumpleaños feliz".

UN REGALO PARA DAVID

Lon Woodrum

Una enfermedad de muerte es siempre desgarradora, pero cuando una tragedia así le sucede a un niño en tiempo de Navidad, es tres veces peor. En lo que respecta a milagros, hemos sido programados a creer que sólo ocurrían en "el tiempo antiguo", pero no en nuestra sociedad mecanizada de hoy. Sin embargo, este relato conmovedor nos recuerda que Dios sigue siendo Dios.

COSAS ASI no suceden muy a menudo, me imagino. Pero esa Navidad, en Springfield, sucedió algo, y yo no soy el único que lo sabe. El Dr. Wallis Martin conoce los hechos. También lo sabe el Dr. Gaffel, el especialista. Y la Sra. Carola Devoe también atestigua de ello.

Frank Gammon, jefe de redacción del periódico *Daily Eagle*, que era mi jefe, me llamó ese día a su oficina y me entregó un trozo de papel. "Oye, Al, investiga esto —me dijo—. Un chico se está muriendo de leucemia. Se va a morir antes de Navidad, pero está decidido a celebrarla. Suena como una buena historia".

Las secas palabras del jefe no me ofendieron. Asi era él. Todos sabíamos que le gustaban los niños. Tomé el papel y salí de la oficina. En él estaba escrito: "David Stone. Madre: Carola Stone. Calle Olmo, No. 1745".

Salí a la calle. Unos cuantos copos de nieve de gran tamaño surcaban lentamente el aire, como pequeños paracaidistas blancos. De la torre del edificio de la corte brotaba música navideña que flotaba sobre Springfield.

Mientras manejaba por la calle Sheridan, pasé la Iglesia del Calvario, de la cual era miembro. Vi a mi pastor, Allan Comer, que subía la escalinata, y lo saludé con la mano. Era una gran persona. Me había mostrado el camino a una vida nueva en Cristo.

Detuve mi carro frente a una casa blanca, de madera. En la ventana había un pequeño árbol de Navidad. Toqué el timbre, y abrió la puerta una mujer un poco más joven que yo, de unos 30 años, ojos el color del mar, y cabello oscuro echado hacia atrás, de modo que dejaba al descubierto el rostro, inteligente y de buen parecer. Tenía una boca de labios llenos, y era delgada y casi tan alta como yo, que mido 1,76 m.

—Soy Al Devoe, del *Daily Eagle* —dije—. Quisiera conversar con David Stone, si es posible. ¿Es usted la Sra. Stone?

—Sí —respondió—. ¿Por qué quiere verlo?

—Mi jefe me mandó que viniera. ¿Puedo verlo?

Vi cómo titubeaba. Luego dijo:

—No quiero que sus sufrimientos anden regados por los periódicos.

—Me encargaré de manejar la noticia como es debido, Sra. Stone.

Me dediqué a observarla. Su cutis pálido se destacaba contra su cabello oscuro, y sus ojos proveían un contraste con ambas cosas. Sus ojos me interesaban. Eran fríos, ¡pero se esforzaban por ser cálidos! Algo parecía estarla molestando, además de la enfermedad de su hijo.

Me condujo a un dormitorio, donde se hallaba un niño de unos diez años de edad, apoyado en varias almohadas. El chico sonrió y me dijo:

—¡Hola, amigo! ¡Feliz Navidad!

Tiré mi sombrero en la cama, y le dije:

—David, soy Al Devoe. ¿Cómo andan las cosas?

—Todo anda bien—respondió—, aunque tengo que estar acostado por unos días.

Levanté la mirada, y vi el zarpazo del dolor hacer presa en el rostro de la madre. Se volvió a un lado. Le pregunté a David:

—¿Tienes muchos deseos de que venga la Navidad?

—¡Seguro! —respondió—. Es el tiempo cuando recordamos el cumpleaños de Dios.

—El cumpleaños de Jesús. Hay gente que no se acuerda de eso en primer lugar cuando hablan de Navidad.

—Yo creo en Jesús. Mi mamá no cree en él, pero yo sí.

Nuevamente busqué a Carola Stone con la vista, pero ella no me devolvió la mirada. En cambio, salió del cuarto.

—¿Por qué tu mamá no cree en Jesús? —le pregunté suavemente.

—No sé... simplemente no cree. No puedo hacerla entender.

Hizo una pausa y me miró, con los ojos entrecerrados.

—Quizás usted me puede ayudar a hacerla entender.

Parecía dar por sentado que yo era cristiano.

Extendí la mano y la puse en su hombro enflaquecido.

—Quizá pueda hacer eso, amiguito. Dime, ¿te molesta que vas a pasar la Navidad en cama?

—¡Es que todavía no es la Navidad. ¡Cuando llegue, yo voy a estar sano!

Al mirarlo, vi que sus ojos brillaban como dos estrellas en su pálido rostro.

—Bueno, David, eso es magnífico, ¡De veras que sí!

—Tengo fe en Dios —dijo con sencillez.

¡Esta sí que es noticia! pensé. En la sala encontré a Carol Stone, mirando por una ventana. Se volvió hacia mí y dijo:

—No soporto sus expresiones, tan valerosas, acerca de estar sano para Navidad. El Dr. Martin dice que no hay esperanza.

—La fe —le dije— a veces puede hacer cosas muy extrañas.

—¡La fe! —La dureza del tono ocultó la suavidad de su voz. Levantó una esbelta mano—. ¡Parece tan bonita, como palabra! Pero en la realidad, no tiene ningún significado.

Me concentré en ella.

—La vida ha sido dura para usted, ¿no?

—¿Es usted un periodista o un predicador?

—Soy periodista, pero no me importaría ser predicador. Creo que es una gran vocación.

Se encogió de hombros. La amargura le prestaba dureza a una boca que pugnaba por ser tierna.

—¡No venga a predicar aquí! No lo podría soportar.

Su tono indicaba que estaba a punto de llorar y le dije:

—Siento haberla molestado, Sra. Stone.

Ella movió la cabeza.

—No importa. Es que me siento muy perturbada, pero no por usted.

—¿Se trata del padre del niño? —me aventuré a decir, y me detuve.

Me echó una rápida mirada y suspiró.

—Desde luego, David tuvo un padre. Estuve casada con él durante cuatro años. Era un tipo religioso... ¡muy religioso! —sonrió irónicamente—. ¡Y se fue con una mujer bien religiosa!

—¡Oh! Lo siento. Pero algunas personas religiosas no son cristianas, ¿sabe usted?

Se suavizó un tanto. Necesitaba hablar.

—He pasado grandes dificultades por cuidar a David. Tenía un trabajo en la Compañía Americana de Seguros. Pero la enfermedad de David...

Se dirigió a la mesa en busca de su cartera, y sacó de ella un pañuelo.

—¿El padre nunca lo vino a ver?

—El padre de David está muerto. Perdió la vida en un accidente de tránsito. David no se acuerda de él. Y me alegro de que así sea.

Yo jugaba con el borde de mi sombrero. Luego dije:

—A veces la vida puede ser muy dura. Pero se necesita fe como la de David para afrontarla.

—¡Pobrecito! ¡Es tan dulce, y está tan engañado! Cree de veras que se va a mejorar. ¡Ni sabe lo que es leucemia!

Me dirigí a la puerta.

—Avíseme si hay algo que yo pueda hacer.

Carol asintió, sin decir nada. Me fui al carro, con la carita de David ante mis ojos. Y también veía la de su madre. El rostro de la fe y el de la duda, lado a lado.

Al llegar al *Daily Eagle,* mandé un fotógrafo a sacarle fotos a David. Mientras tanto, me puse a escribir la crónica. Al día siguiente apareció en el *Eagle.* Un día después la prensa nacional la tomó y la esparció por todo el país. Hasta se publicaron unos cuantos editoriales referentes a ella. La televisión y la radio también la adoptaron.

El jefe me mandó que fuera otra vez, y preparara una crónica complementaria, y... ¡amigo, cuando llegué...! ¡Nunca había visto tantos regalos en un solo lugar! Paquetes, grandes, medianos y pequeños. Me abrí paso por entre ellos hasta el dormitorio, y allí, en medio de más juguetes, me sonreía el pálido rostro de David.

—¡Mira! —me dijo—. ¡Todos me desean una feliz Navidad!

—Te has convertido en una persona importante —comenté.

En su rostro se dibujó una ancha sonrisa.

—La gente se preocupa cuando uno se enferma, ¿verdad?

Sentí un escalofrío. Eché una rápida mirada en dirección de su madre. *¡Enfermo! ¡La gente cree que vas a morir, David! ¡Te muestran cariño porque creen que vas a morir!* Una gran tristeza descendió sobre mí, y por un momento debo haber compartido los sentimientos de su madre.

Salí de la casa y me dirigí a la oficina del Dr. Wallis Martin. Lo conocía bien, y me recibió.

—Al, el niño tiene leucemia —declaró el médico—. Me aseguré bien. Consulté con el Dr. Gaffel, que es experto en ese campo. El diagnóstico es correcto.

—Lo cual es una forma de decirme que no hay esperanza para el chico —mascullé.

—A veces llega el momento, Al, cuando sólo podemos ser espectadores impotentes, y mirar cómo alguien se nos muere.

Junto a la puerta hice una pausa.

—¿No hay nada en este mundo que lo pueda ayudar?

—¿En este mundo? —sacudió la cabeza en sentido negativo—. No, que yo sepa.

Del consultorio de Martin fui a ver a Allan Comer. Hablamos un rato del caso de David, y luego le pregunté:

—Dígame, pastor, ¿hasta qué punto podemos confiar en eso que se llama fe?

—¿Hasta qué punto? Pues... supongo que no hay límite. La Biblia dice que todo le es posible al que cree.

—¿Quiere pedirle a la iglesia que ore por David?

El pastor asintió:

—El domingo por la mañana, Al.

Esa noche escribí mi segunda crónica acerca de David. Incluí en ella las palabras de mi pastor. Informé que la congregación iba a orar por David.

La prensa nacional reprodujo también esa crónica, y lo mismo hizo la televisión. Empezaron a llegar centenares de cartas. En todo lugar había gente orando por David, personas que creían en el poder de la oración.

Pero cuando volví a visitar a David, me encontré con que su madre había suprimido las noticias en el hogar. David no sabía nada de lo que estaba sucediendo.

—¡Usted no tiene derecho a hacer eso! —exclamé—. Hágale saber al niño que la gente está orando por él. ¡Le ayudará a fortalecer su propia fe!

—¡Para que se aferre de una esperanza falsa y luego tenga que morir! ¡No! ¡No soporto esta burla! El no es su hijo. Usted no comprende lo que siento. ¡Soy su madre!

—¡Cómo quisiera que fuera mi hijo! —respondí en voz baja—. Algún día me gustaría tener un hijo así. ¡Eso sí, no puedo explicarme cómo llegó a ser así, con el padre y la madre que tuvo!

Sus ojos centellearon de ira.

—¿El padre y la madre?

—Sí.

—Por favor, retírese. ¡Váyase!

Salí. Estaba nevando bastante. Conduje hasta mi apartamento, pero no entré. Empecé a caminar. De lejos, oí una voz que cantaba: "Venid, fieles todos". Pensé en el pequeño David, y los ojos me ardieron de lágrimas. Levanté el rostro, sintiendo el frío de la nieve en la piel, y elevé una oración al Dios que vino a un galpón de animales para salvar a la humanidad, rogando que viniera a un niño que tenía leucemia. Mientras estaba allí, orando bajo la nieve, sentí de pronto como si él estuviera en el mundo en una forma especialísima, como había estado esa primera

Navidad, y mi corazón se estremeció con una extraña alegría. Me pareció sentir, también, las oraciones de centenares de personas, que oraban por David Stone. Nunca antes, en toda mi vida, me había sentido tan elevado en espíritu.

La mañana siguiente me asignaron una tarea especial, y tuve que salir de Springfield. Unos días más tarde, volví y encontré a mi jefe entusiasmadísimo.

—¡Al, ahora tienes una verdadera noticia! He estado guardándola para ti. Como sabes, esa noticia te pertenece.

—¡A ver! ¿Qué ha pasado?

—La Sra. Stone llamó hace una hora. Preguntó por ti. ¡Dice que David está bien!

—¿Qué?

-—No te quedes ahí con la boca abierta. ¡Anda, hombre, anda!

Me fui a un teléfono. Cuando una voz me respondió, dije:

—Dr. Martin, le habla Al. ¿Qué pasa con David Stone? ¿lo ha visto usted?

—Sí. —El médico hizo una pausa—. Yo fui quien le dije a la Sra. Stone que David está bien.

—¿Qué pasó?

—La Sra. Stone me llamó por teléfono, diciendo que David insistía en levantarse, porque estaba sano. Ella estaba sobreexcitada, de modo que decidí pasar a verlos. David se veía tan bien, que le saqué una muestra de sangre, y conversé nuevamente con el Dr. Gaffel. ¡El chico no tiene leucemia!

—¡Pero, y el diagnóstico! Usted dijo que estaba seguro.

—¡Claro que si, Al! ¡Créame usted!

—Bueno, ¿qué me puede decir?

—Al, yo soy un científico. No sabría decirle si la medicina que le hemos dado tuvo algo que ver con la recuperación del niño, o no. Ni siquiera sé si su mejoría será duradera. Pero, ya que me lo pregunta, francamente, creo que todas esas oraciones tienen algo que ver con esto. La fe... ¿quién sabe lo que puede lograr?

Encontré a Carol Stone llorando, pero me dirigió una radiante sonrisa. De pronto, David apareció en la puerta, en sus piyamas. Me dijo:

—¡Hola, Al! Me siento muy bien. Vamos a pasar una magnífica Navidad, ¿no es cierto, mamá?

Carol corrió y lo estrechó contra su pecho.

—¡Oh, sí, mi corazón! Vamos a pasar una preciosa Navidad. ¡Maravillosa!

—Es el día para recordar el cumpleaños de Dios —dijo David.

Me senté en el sofá, y David vino y se sentó a mi lado. Me tomó de la mano, y se quedó contemplando, feliz, el arbolito.

—Es tan lindo... —dijo—. Es como Dios.

Carol dijo:

—Yo debiera aprender más de él, ¿verdad?

Con mi brazo rodeé los hombros de David.

—Creo que David y yo podremos hacer un buen trabajo... si es que se siente dispuesta a escuchar.

—Me siento dispuesta.

Más tarde, mientras conducía mi automóvil de vuelta al *Daily Eagle* en medio de los remolinos que formaban los copos de nieve, y al recordar la tierna expresión del rostro de Carol y la nueva fe que brillaba en sus ojos, me invadió la seguridad de que esta Navidad iba a ser, de veras, muy feliz.

EL PORQUÉ DE LA NAVIDAD

Don Dedera

Hay relatos... y hay relatos especiales. Este es uno de los últimos. El autor, un buen amigo mío, es hoy uno de los escritores más prolíficos sobre temas del suroeste de los Estados Unidos. Antes que el Sr. Dedera asumiera el cargo de redactor jefe de la revista Arizona Highways *[Rutas de Arizona], pasó unos cuantos años escribiendo una columna para* The Arizona Republic *[La República de Arizona]. Con el fin de obtener nuevo material se convirtió en un voraz lector de los periódicos de las comunidades pequeñas del Estado. En uno de ellos captó un agradecimiento poco usual, proveniente del pueblito llamado Why ["Por qué", en español]. Intrigado, llamó a Peggy Kater, propietaria del almacén general llamado "Why Trading Post", pidiendo detalles. El relato que surgió de ese contacto fue publicado en* The Arizona Republic, *en diciembre de 1967.*

Al conversar recientemente con Dedera —que en la actualidad opera su propio negocio de publicaciones— acerca de esta colección navideña, mencionó que sabía de un relato de Navidad, acerca del cual él mismo había escrito una crónica, que probablemente me interesaría. Era una historia de Navidad que no había podido olvidar, a tal grado que en 1992 fue nuevamente impresa en el número de diciembre de la revista Arizona Highways, *un cuarto de siglo después que él la descubriera. Le pedí que me la enviara lo antes posible, porque yo necesitaba un relato más para completar la colección. No una historia cualquiera, sino la precisa, la definitiva. Y Don la puso en mis manos.*

Las gotas de lluvia de mediados de diciembre traspasan como agujas de frío esta noche, en el pequeño pueblo del suroeste de Arizona que tiene el nombre más raro: Why [Por qué; se pronuncia Huái]. El aguanieve forma cortinas en los aleros del almacén general de Why y abrillanta los caminos de la solitaria confluencia.

Bob, el empleado indio, entra con pesados pasos por la puerta del frente, con una lata de kerosén llena. Con acento de disgusto, gruñe:

—El verano pasado, nuestras vacas se morían de sed. Ahora los caminos parecen ríos. Se están poniendo resbalosos. Mañana, nieve.

El indio mira la lobreguez que envuelve el territorio reservado a su tribu, de tamaño dos veces mayor que el estado de Delaware.

—Será mejor que te vayas a casa, Bob —dice la dueña del almacén, Peggy Kater—. Ya voy a cerrar.

Bob asiente, agradecido. Está feliz de poder apresurarse a llegar a su hogar, en medio de la oscuridad y la lluvia, a varios kilómetros de distancia, en medio de la reservación de los papagos.

Normalmente la Sra. Kater mantiene su almacén abierto hasta tarde, porque algunos de sus clientes tienen que viajar hasta 80 kilómetros para venir a comprar. Pero esta noche no es probable que venga alguien. Con un tiempo tan malo como está haciendo, hasta los dioses de los papagos se esconden en sus laberintos subterráneos. Una vez sola, la Sra. Kater se dedica a su actividad favorita: llenar centenares de medias con regalitos y juguetes para su fiesta anual de Navidad.

Abruptamente, el chubasco se asoma a la puerta y deposita una familia Tohono O'odham (papago), que parpadea, tratando de ajustarse a la luz eléctrica. La joven madre lleva un infante sobre su cadera. Dos niños descalzos dejan huellas húmedas en el piso de madera. Contemplan los dulces en silencio. Peggy les ofrece una prueba.

—¿No tienen frío, sin sus zapatos? ¿Los dejaron en casa? —pregunta la Sra. Kater, sin pensar. Debiera haber sabido el porqué. En 1967 era común hallar pobreza y privaciones entre los papagos. Why no era más que una encrucijada cuando Peggy y su esposo se establecieron allí, veinte años antes. Desde entonces, lo han visto crecer, con electricidad, teléfonos, servicio de agua potable, oficina de correos y modernas instalaciones para el servicio de los viajeros y turistas que pasan rumbo a Méjico y California.

Pero en la década de los 1960, todavía no hay muchos elementos que mejoren la suerte de una tribu que extendió su amistad a los sacerdotes españoles, los buscadores de oro, los soldados estadounidenses y los pioneros inmigrantes que cruzaban por sus tierras. De hecho, su hospitalidad fue causa de una situación irónica: los papagos fueron la última tribu grande a la cual el "gran padre bianco" [el presidente de los EE. UU.] le asignara un territorio reservado.

La madre india agacha la cabeza, avergonzada. En el idioma papago explica que este año la Gente de los Frijoles no tiene trabajo en la reservación, y que ella y su familia habían viajado al norte con la esperanza de ayudar en la cosecha del algodón. Pero las prolongadas lluvias habían demorado la cosecha. Ahora están viajando de vuelta a su casa de greda y cactos, en Hotason Vo, dependiendo de quienes los lleven a trechos en sus vehículos.

No tienen dinero para zapatos; sólo para las "cosas necesarias".

La Sra. Kater se queda mirando, con expresión preocupada, las delgadas y gastadas camisas, los pantalones parchados. ¡Eso no puede ser! Impulsivamente, baja de los estantes dos juegos de ropa nueva. Camisas de franela. Pantalones Levis. Calcetas de lana. Sobretodos con forro aislante, y zapatos, botines caros de cuero de caballo, impermeables.

Los niños se ponen tensos bajo el toque de la mujer blanca, pero se someten al proceso de medirlos para saber su tamaño. Tímidamente acarician los cuellos de piel sintética de los abrigos. Luego, cuando descubren que las ropas son para ellos, y que no tendrán que devolverlas, sonríen dejando al descubierto los dientes que les faltan.

Peggy habla sin cesar, tratando de borrar los momentos incómodos. Junto a la pared donde están los collares de caballos, la mujer llora, ocultando el rostro en el hueco de la mano. Los O'odham son un pueblo orgulloso, que siempre cuidan de los suyos, cuando pueden. Las lecciones del desierto, a menudo tan áspero, y las parábolas de los Antiguos, promueven una cultura de compartir. Dar es la virtud más noble de la humanidad.

—La ropa es sin cargo. Ahora, veamos las *necesidades.*

En los tiempos antiguos, el padre papago, con mucho ritual, podría haber buscado sal en un brazo del mar de Cortés, unos 160 kilómetros al sur. Ahora ordena un cilindro azul de on (sal). Doce kilos de *chewy* (harina). Dos kilos de *monjic* (grasa). Una lata de *espowla* (polvos de hornear). Para las tortillas, un saco de *moo* (frijoles pintos). Para los frijoles, una porción de *chewhook* (grasa de res). Una caja de balas calibre 22, para cazar conejos.

Ordenan y pagan cada cosa por separado, de modo que el dinero que va quedando lo puedan medir comparándolo con sus prioridades. Peggy Kater sigue actuando como el periódico viviente de Why. Tanto los clientes indios como los residentes blancos admiran y respetan a esta mujer, que instaló el primer pozo, estableció un parque de remolques para gente mayor, y, para atender más de quinientos kilómetros cuadrados de territorio escasamente poblado, obtuvo la oficina de correos llamada Why [Por qué].

—¿Por qué quiere llamarla "Por qué"? —le preguntó el jefe general de Correos en Wáshington.

—¿Y "por qué" no? —le respondió Peggy. Y su "lógica" convenció al funcionario.

Ahora Peggy encamina la conversación a las actividades futuras. "Acuérdense de la fiesta de Navidad —dice—. Los niños están invitados". El tiempo puede mejorar. Fulano se casó. Mengano está enfermo.

Y Peggy añade, por decir algo: "Tenía la esperanza de ir a recoger algunas de esas semillas que tienen gusto a nueces, que se encuentran en la cumbre de los montes Big Ajo. Pero vinieron las tormentas, y..."

Es hora de irse. En el idioma papago no hay palabra para decir "gracias". La gente agradece con los ojos. La pareja se desvanece en las tinieblas, y sus niños, bien arropados, los siguen, saltando como cachorritos lanudos.

———

Transcurre una semana. Bajo el cielo que comienza a despejarse, se van completando los preparativos para la Fiesta de la Natividad. Hay músicos y cantores. Ollas de "chile con carne" hierven sobre brasas de carbón. El pan frito chisporrotea en sartenes llenas de grasa. Los tamales hierven en sus envolturas de hoja de maíz. Escondido en alguna parte hay un traje de Santa Claus, que aparecerá cuando los grandes montones de mezquite alimenten las fogatas vespertinas.

A la puesta del sol, Quee-wich-choo (Bajo el árbol) toca su antigua flauta y golpea un tambor de piel de ciervo. Su hermano danza, con campanillas y conchas de bronce en el cinturón y cascabeles desde las rodillas hasta los tobillos. Al comienzo de la ceremonia, mezcla de leyenda papago con ritual cristiano, dos pequeños papagos atraviesan corriendo el claro, y se detienen frente a una señora blanca. Todos los ojos siguen a los dos niños, que tímidamente le entregan un canasto a la Sra. Kater. Entre los papagos, los canastos son comunes. Sin embargo, la apariencia de éste no tiene nada de común. Es exquisito, delicadamente fabricado con las fibras de suaves colores de la yuca.

La mujer procura agradecer, pero las palabras le fallan. Los niños la urgen a que lo abra. Para contentarlos, y para permitir que continúe la celebración, consiente y abre con cuidado el delicado canastillo.

Deja escapar una exclamación de sorpresa... ¡No *puede* ser!... Sin embargo, es así: ocho semillitas, de sabor semejante a nueces, semillas que sólo crecen en la cumbre de los montes Big Ajo.

En fracciones de segundo, por su mente pasa una serie de imágenes: temprano en un helado amanecer de diciembre, antes que aclare, dos muchachitos se levantan de sus esteras y salen sigilosamente de la choza de barro y juncos, para no despertar al resto de la familia. Para cuando la luz del día revela ante ellos las negras alturas de los montes del Ajo, ya han avanzado unos cuantos kilómetros.

Comienzan el largo ascenso entre la bruma. No hay caminos, casi ni siquiera sendas... zigzaguean remontando el gran muro rocoso, afrontando a cada paso arbustos, cactos y otras plantas espinosas... A tres cuadras por encima de la llanura se detienen y miran lo que han recorrido... Seiscientos metros... mil metros... El sol sube y el ascenso se hace más y más pronunciado. Mil trescientos metros por encima de la llanura, y ahora deben vérselas con el hielo y la nieve. A pesar de todo, siguen escalando.

A unos mil quinientos metros más arriba del único mundo que han conocido, llegan por fin a los peligrosos peñascos donde luchan por sobrevivir unos cuantos árboles atrofiados, azotados por las feroces tormentas invernales y los vientos ardientes del verano. Ocasionalmente se encuentran en esos árboles semillas, buenas para comer; esto es, si las aves o las ardillas de la montaña no las han arrebatado antes.

Peligro, peligro por todas partes. Una caída sería la última... Pero los dos niños rodean el abismo y se atreven a subir hasta los refugios inaccesibles que esos árboles inhóspitos prefieren. De algún modo... *tienen* que hallar las semillas, esas semillas preciosas que representan la única forma de agradecer que hay a su alcance.

Las sombras se alargan peligrosamente antes que decidan, de mala gana, abandonar la búsqueda y comenzar el largo descenso con todo el tesoro que han podido encontrar: ocho semillitas de aspecto insignificante. Durante el peligroso descenso, avanzan de árbol en árbol, de arbusto en arbusto, de peñasco en peñasco. Con frecuencia se detienen, y discurren la mejor forma de cruzar los arroyuelos congelados.

Por fin, cuando ya les parece que no pueden soportar más el descenso vertical, el terreno envuelto en sombras comienza a suavizar su pendiente... y allá lejos, a la luz del sol poniente, divisan las paredes enjuncadas del hogar.

Es de noche cuando los niños, agotados, llegan a la choza. En silencio, abren sus manos y muestran las ocho semillas. Sienten temor... ¿Habrán hecho mal en arriesgar sus vidas sólo por conseguir ocho pequeñas semillas? Ocho semillas para una señora blanca que quizá ni les asigne ningún valor? El padre mira a la madre por encima del fuego. Transcurre largo rato sin que ninguno de ellos diga nada. Finalmente, el padre se incorpora, camina hasta la puerta, y escudriña la noche, dirigiendo su vista hacia el noreste, hacia un picacho llamado Baboquivari, que en tiempos antiguos se decía ser la morada de Eé-e-toy, el Gran Espíritu. Mientras tanto, los niños y la madre esperan el veredicto en silencio.

Por fin, el padre vuelve a entrar, con aire decidido. Se vuelve a los niños, y declara: "Bien hecho... Eé-e-toy estaría complacido; los Tohono O'odham pagan sus deudas".

Ya hecha la decisión, los niños buscan la ayuda de la madre para implementarla. "Debemos encontrar un cesto para ponerlas —declara—. No un cesto cualquiera, sino uno que sea digno del regalo". Con la cabeza apoyada en la mano, piensa un rato, y luego se endereza, habiendo hallado la respuesta. "Mañana, vayan a la gran roca que alberga la mata de 'ee-hooks' —los blancos la llaman 'garra del diablo'—, y tráiganme las vainas de las semillas. Las voy a combinar con las fibras de yuca que he estado guardando para un canastillo muy especial".

———

Los dos niños están todavía allí... inmóviles... y se preguntan por qué la señora blanca estará tan silenciosa... ¿Estará disgustada con ellos porque sólo pudieron encontrar ocho semillas?... ¿Por qué no les da las gracias como acostumbran hacerlo los rostros pálidos, con muchas palabras dichas con rapidez?

Pero entonces... contemplan los labios temblorosos y miran más allá; al ver las lágrimas, comprenden.

EL "VILLANCICO DE NAVIDAD" DE BETANIA

Mabel Mckee

Por mucho tiempo esta historia ha sido una de las favoritas de mi familia. Demuestra cuán poco vale la riqueza sin la piedad, que muchas "enfermedades" son realmente el resultado de las heridas del alma y que es muy importante que las enfermeras demuestren amor y preocupación por sus pacientes.

En el Hospital Betania, la llamaban once meses del año "Carol Meloney". Pero en el duodécimo mes —es decir, en diciembre—, la llamaban "Christmas Carol" (Villancico de Navidad). La razón por la cual llamaban así a esta enfermera de ojos y cabellos castaños era porque siempre se mostraba alegre y feliz.

Sin embargo, la jefa y las demás enfermeras podrían asegurar que la verdadera razón de su sobrenombre era porque había nacido 21 años atrás en el día de la Navidad. También porque su frágil madrecita, que habí a visto llegar a su hogar a cinco hijos antes de Carol, aseguraba que su nueva bebita, al nacer en Navidad, había cantado y no llorado, y que por lo tanto ella le había sugerido a su esposo ministro que le pusieran de nombre "Carol" (Villancico).

En esa casa, propiedad de la iglesia, donde la madre no vivió mucho tiempo más, a la niña siempre la llamaron "querida Carol". Era fragante, dulce y amorosa, como un villancico de Navidad.

Pero esa semana de Navidad, Carol no estaba feliz; no quería cantar. En la guardería estaba una pequeña tocaya suya. Apenas una semana atrás se había encontrado cómodamente arrimada a su madrecita. Pero la madre se había desvanecido sin aviso, dejando su precioso bebé—a quien llamó también Carol, para que fuera también alegre y amorosa— al cuidado de la risueña enfermera del Hospital Betania. Había partido de este mundo sin contarle a nadie sus secretos, sin decir quiénes eran sus parientes, si es que los tenía, o si tal vez había otras personas que pudieran reclamar a la recién nacida.

Carol alzó a la pequeña en sus brazos diciendo: "Me quedaré con ella y será parte de mi familia. Su madre realmente me la dio a mí. Tengo a mi hermana María, a quien hace un año la muerte le arrebató a sus dos niños. Le pediré a María que la adopte, porque esta nenita es otra "Christmas Carol" (villancico de Navidad).

De pie junto a la cunita, Carol había hecho todos sus planes. Pasaría la Navidad en casa de María, le entregaría en sus brazos la bebita y le diría: "Hermanita, aquí te traigo otra "Christmas Carol", cuya madre murió tal como lo hizo la mía, mientras yo era una bebita".

María *no podría rehusar* quedarse con la bebita, y la niña aliviaría el dolor del corazón de María. Esta Navidad sería la más feliz de todas, porque tenía un maravilloso regalo para entregar. Pero "el hombre propone, y Dios dispone". El joven Dr. Greig le había asignado el caso de peritonitis del cuarto 26, cuando la enfermera regular cayó enferma con sarampión. La paciente rehusó cambiar de enfermera otra vez y como se encontraba muy mal, nadie se atrevió a contrariarla.

Cuando la directora le dijo que tendría que cambiar sus planes de ir a casa para Navidad, Carol fijó su vista en las puntas de sus zapatos, y las lágrimas rodaron por sus mejillas a pesar de sus mejores esfuerzos por evitarlas.

—No estoy pensando en mí misma —sollozó la joven—, pero si María no recibe mi nenita como regalo de Navidad, me temo que no tendrá una fiesta muy feliz.

La jefa de enfermeras acarició los rizos castaños de la joven.

—La paciente del 26 está enferma del alma y del cuerpo —le confió—. Te hemos asignado el caso a ti porque pensamos que podrías alegrarla. Ella y su esposo se han estado distanciando desde mucho tiempo atrás. Está sufriendo, y es tu deber tratar de alejar la amargura de su corazón y traer de vuelta la sonrisa a sus labios.

A Carol le pareció que la Sra. Cartwright era una paciente ideal, a pesar de que la gente le había dicho que era una persona un poco rara. Cuando sus amigos le enviaban grandes cajas de flores, ella siempre las dividía entre pacientes que no las recibían. Presentó a la joven a las damas del club que venían al hospital a verla, y siempre la trataba con tal consideración que a veces se sentía como hermana de la rica señora.

Pero cuando todos se iban, la Sra. Cartwright volteaba su rostro hacia la pared y se quedaba inmóvil, hablándole a Carol sólo cuando necesitaba algo. Hasta protestó cuando la joven trajo dos adornos de Navidad para colgar en las ventanas. "No celebro más la Navidad, querida —explicó a la enfermera—, lleva esos adornos a alguien que pueda compartir el espíritu de Navidad".

Esa mañana, el día antes de Navidad, la paciente parecía más nerviosa que nunca, y el médico llamó a la enfermera fuera del cuarto. "No permitas que nadie la visite hoy —le advirtió—. La gente sólo le hace recordar el pasado, con Navidades más felices que ésta. Y eso lo tenemos que evitar, o tendrá una recaída.

Carol estaba casi lista para ir de compras. Sus ojos brillaban con alegría e ilusión. Ya había enviado todos los regalos de sus parientes y amistades, pero ahora tenía que comprar unos cuantos regalos para la pequeña Carol. Las demás enfermeras del Betania querían ayudar para que la primera Navidad de la huerfanita fuera muy especial.

Buscó la mejor enfermera que pudo para su paciente. Luego se dirigió a su cuarto, en un piso superior. Al llegar, escuchó un coro que practicaba villancicos de Navidad en el cuarto del lado. Cantarían en el hospital esa noche, recorriendo los pasillos y deteniéndose junto a las puertas de los pacientes que estaban conveleciendo.

Carol los escuchó empezar sus cantos con "Venid pastorcillos" y en seguida pensó en la nenita que ahora era suya, acostada en su simple cunita en la guardería. Y aunque tenía muchas cosas que hacer, la joven corrió por los adornados pasillos hacia el piso de abajo hasta el cuarto de la bebita, donde levantó en brazos a su pequeña tocaya y la acercó a su corazón.

—¡Bebita linda de María! —susurró—, tú harás feliz de nuevo a María y alejarás de sus ojos las sombras de tristeza, ¡Preciosa pequeñita!

La bebita era hermosa, sus manitas eran como pétalos de rosas, su boquita como el arco de Cupido, y se veía que su cabello iba a ser dorado. Vestía una batita de las del hospital. Carol tenía que conseguirle un ajuarcito hermoso, delicadamente bordado, con el dinero que las enfermeras le habían dado. ¡Cuán difícil le resultaba esperar hasta poder llegar al pueblo para seleccionarlo!

Al volver por el pasillo, se encontró un mensajero con un paquete para su paciente. Llevaba el sello de la joyería más cara de la ciudad. Al ver que el muchacho no sabía dónde llevarlo, Carol le ofreció entregárselo a la Sra. Cartwright.

Tal vez eso es todo lo que hubiera sabido de ese regalo navideño si no hubiera sido porque la enfermera que la sustituía le pidió que se quedara un momento mientras hacía una llamada telefónica, y Carol accedió; y mientras esperaba, se entretuvo arreglando una revista aquí y un frasco allá

De pronto, un resplandor platinado llamó su atención. El paquete había sido desenvuelto y mostraba una hermosa caja de terciopelo blanco que contenía un reloj de pulsera, con una guirnalda de diamantes que adornaban la esfera. La Sra. Cartwright tenía en su mano dos tarjetas: una blanca, que decía: "Feliz Navidad", y una gris que llevaba esculpidas las palabras: "José Cartwright".

Durante largo rato estudió las dos tarjetas y el regalo; luego cerró la caja blanca de terciopelo y la colocó sobre la mesa al lado de su cama. De entre sus cerrados párpados brotaban unas lágrimas.

A través del espejo grande del cuarto, Carol había visto la escena, hasta las dos tarjetas que no llevaban ningún mensaje de afecto que transforma los regalos y los convierte de cosas frías e inánimes a símbolos de amor.

—¡Pobre mujer! —suspiró—. ¿Por qué el hombre no habrá podido escribirle siquiera la frase "con amor"?

La otra enfermera volvió y Carol salió corriendo hacia el frío, cruzándose con gente que compraba a última hora, llevando paquetes de diversas formas, y con compradores sonrientes que se deseaban "Feliz Navidad" unos a otros bajo la nieve que caía; y mientras se apresuraba, cantaba suavemente para sí.

Al pasar por una esquina, pensó comprar un adorno floral para el cuarto de la Sra. Cartwright. Al pasar por otra esquina decidió llevar a la bebita al cuarto de la Sra. Cartwright para ver si la visita de esa pequeñita podía transformar su mirada de cansancio y angustia en una sonrisa de ternura. Al pasar por la tercera

NAVIDAD EN MI CORAZÓN

esquina, decidió comprar un regalo para la Sra. Cartwright y escribir en la tarjeta: "Con amor, Carol".

En la tienda donde compró el ajuar navideño para la pequeña Carol, las camisitas y mediecitas de lana y una frazada de color rosado y blanco, buscó también un regalo para la enferma. No tenía mucho dinero para gastar. Lo había usado casi todo en regalos para sus hermanos, hermanas, sobrinos y sobrinas. Y su tocayita Carol casi se lo había terminado. Nunca se imaginó que los bebés fueran unos trocitos de alegría tan caros.

Se dirigió a la sección de libros. Pensó en algún libro sentimental y con una cubierta hermosa. La jefa de la sección se acercó a ella. Carol la conocía bien y la apreciaba porque apreciaba los libros tanto como a la gente, y hablaba de ellos como si estuvieran vivos.

—Busco un libro para la Sra. Cartwright —dijo—. ¿La conoce usted?

—¿Que si la conozco? ¡Claro que sí!. Ella venía con su hijito para que le ayudara a encontrar libros infantiles para él. Era la madre más amorosa que jamás he conocido.

—¡Oh! —dijo Carol con los ojos casi desorbitados—. ¡No sabía que tuviera un niñito! Nunca lo mencionó. Está enferma en el Hospital Betania, y yo soy su enfermera.

Las manos de la otra joven tomaron las de Carol.

—¿No sabías que tenía un niñito y que falleció hace tres años? ¿No te han contado cómo su vida de hogar se ha convertido en una amarga tragedia?

Ahora Carol, más que piedad por su paciente, sintió comprensión y verdadero amor. La muchacha continuó hablando, mencionando los generosos regalos que la Sra. Cartwright hacía a los orfanatos, instituciones caritativas y a todos los lugares donde albergaban a niños necesitados. Inspirada por un nuevo sentimiento, Carol compró el libro más hermoso de la librería y la tarjeta más bonita que encontró, con una leyenda que decía:

"En vez de riqueza, te entrego mi persona y todo lo que tengo".

De alguna manera Carol sentía que la Sra. Cartwright realmente comprendería su sinceridad. Abrazando los paquetes, salió a la nieve; en camino a su casa recibió un pelotazo de nieve que lanzaron dos chicos que jugaban a la guerra, en la calle siguiente se cruzó con personas que compraban al último momento, y a todos los que pasaban por su lado les deseó una "Feliz Navidad".

Carol se olvidó del chasco que había sufrido al no poder pasar las fiestas con su familia. Pensaba ahora en Navidad como un día especial de amor y de interés por los afligidos del mundo.

Cuando pasó por la capillita de la esquina, entró para ver las hermosas decoraciones. Arriba, en el altar, colgaba un cuadro de Cristo cuando era bebé en el pesebre de Belén; debajo había unas palabras que decían: "Entrego a todos el mejor regalo del mundo".

Fue allí cuando la hermosa idea de Navidad nació en su corazón. Surgió con gran dolor, pero era hermosa. Carol pensó que no le sería posible realizarla. No sólo se estaría privando ella misma, sino a María, a quien tanto amaba. Ella sabía que la bebecita traería gozo a su hermana a través de los años venideros.

"Pero María puede amar a otro bebé —le dijo una voz—. ¿No ha dicho a menudo que adoptará uno? Todo lo que necesitas hacer es animarla, y ella irá a un orfanato a conseguir uno.

Carol juntó sus manos y se arrodilló a orar. ¿Tenía ella derecho a regalar esa bebita a quien su madre le había dado su nombre? ¿Llevaría gozo al corazón de la Sra. Cartrwright? ¿Aceptaría el regalo, aún si se lo ofrecía?

—Puedes ofrecerlo —susurraba la voz—, puedes *tratar* de ofrecerle gran gozo. Carol inclinó aún más su cabeza.

Tiernamente acercó más a su corazón el vestidito que había comprado para su tocayita. Y mientras lo sujetaba, se acordó del mensaje que su madre le había dejado al morir, pocas semanas después de haber nacido: "Estoy dejándote con tus hermanas, querida bebita, para que no me echen mucho de menos. Los bebés sanan angustias mejor que cualquier otra cosa. Tú fuiste mi regalo de Navidad; sé que serás una bebita y una niña amorosa. Y cuando seas grande seguirás siendo así, porque amarás a todos a través de toda tu vida".

María le había dicho muchas veces, cuando se había portado con egoísmo en su niñez, que nunca debiera ser causa de nada más que felicidad, porque era una "canción de Navidad" que cantaría a través de toda la vida.

Carol apretó el vestidito más aún y luego mirando al cuadro dijo: "La daré por ti, Jesús". De vuelta en su cuarto otra vez, desempacó las compras, extendió el ajuarcito de Navidad y la tarjeta, y luego se fue al cuarto de la Sra. Cartwright. Su paciente había cenado, le informó la otra enfermera, y había pedido que no la molestaran.

Después Carol se dirigió a la guardería, tomó a la pequeña Carol y la llevó a su cuarto. Allí le puso el vestidito nuevo y la envolvió en la frazadita de lana. Luego la llevó al cuarto de la Sra. Cartwright, y entrando de puntillas, colocó el pequeño bulto apoyado en el brazo de la Sra. Cartwright, pero la tarjeta la puso en la mano de la enferma; luego salió antes que la paciente se despertara.

El timbre sonó con estrépito media hora después. La joven se apresuró a contestar el llamado. El brazo de la Sra. Cartwright todavía sujetaba a la bebita. Su boca sonreía pero sus ojos estaban empañados de lágrimas.

—Oh, mi querida, Carol —comenzó—, ¿cómo has podido ser tan generosa y darme a la pequeña Carol que planeabas llevar de regalo a tu hermana? ¡Qué maravilloso regalo! (La otra enfermera le había contado esa tarde la historia de la bebecita que Carol amaba tanto). ¡Se quedaría con la niña! Deseaba adoptarla y envió un mensaje al Sr. Cartwright para que viniera en seguida.

—Mi esposo siempre ha deseado que lleve un bebé a casa —le susurró a Carol—, pero antes que me dieras a la niña, pensaba que después de la muerte de Guillermito jamás podría volver a tomar a un bebé en mis brazos.

Media hora después, Carol vio que un hombre alto entraba de prisa. En seguida se dio cuenta que se trataba del Sr. Cartwright. Esta vez salió apresurada al pasillo, donde se sintió la persona más sola del mundo. Vagó sin rumbo hasta que llegó al corredor donde el coro de la iglesia vecina y las enfermeras fuera de turno formaban una fila, listas para recorrer el hospital. Pudo oir cómo las ayudantes abrían las puertas suavemente para que los pacientes no se perdieran los cantos.

Se unió a la fila después de una enfermera que estaba a prueba, cuya madre había fallecido pocas semanas antes. Le palmeó el hombro consolándola y la tomó de la mano mientras marchaban. Su otra mano sujetaba uno de los himnarios, y su melódica voz de soprano, dulce y juvenil, cantó con los demás.

Visitaron la sección de varones, y el anciano veterano, cuyas antiguas condecoraciones brillaban al igual que sus ojos, agitó su mano en señal de saludo; pasaron la sección de mujeres, donde una niñita inválida golpeaba el suelo con su muleta tratando de llevar el compás de la música; pasaron por muchos cuartos más, y llegaron al corredor donde estaba el cuarto de donde hacía poco tiempo Carol había salido.

Echó una mirada cautelosa por la puerta. La Sra. Cartwright todavía sujetaba a la bebita cerca de su corazón, y su mano descansaba sobre la cabeza inclinada de su esposo. Sus ojos eran tan hermosos y brillantes, que Carol se dio cuenta de que por fin el espíritu de Navidad había llegado a su corazón.

UNOS COMPASES EN CLAVE DE SOL

Autor desconocido

Probablemente este relato sea mi favorito entre toda la colección de relatos de Navidad del viejo Oeste. A través de todo el relato, al estilo de O'Henry, nos vemos atrapados en la veloz corriente de la narración típica del Oeste, sin saber hasta el final lo que realmente estaba sucediendo.

Eran las 2:00 de la mañana, hora del tercer turno de la vigilancia nocturna sobre el ganado. Estos dos hechos impresionaron gradualmente la conciencia de Juan Talbot Waring, mientras el vaquero mexicano lo sacudía para despertarlo. Desenrolló su impermeable, que le había servido de almohada, se envolvió en sus húmedos pliegues, y salió, exponiéndose a la lluvia que caía.

Como cosa rara, el ganado estaba tranquilo y no necesitaba mucha atención; mientras cabalgaba despacio junto a la negra masa de animales que dormían, Juan tuvo amplia oportunidad de reflexionar en las desventajas de la vida de un vaquero. La lluvia destilaba de la orilla de su sombrero; el viento frío que azotaba desde las montañas penetraba sus ropas mojadas y lo hacía tiritar en la montura. Por centésima vez esa semana, Juan se maldijo por haber despreciado las comodidades de la civilización, a cambio de esa vida difícil de Colorado.

Se acordó de su llegada, seis meses antes, en calidad de novato, y de las diversas tribulaciones que había soportado mientras se transformaba en un vaquero hecho y derecho.

Había experimentado su parte de los peligros y vicisitudes que le sobrevienen a todo jinete en el campo abierto, con lo cual se había ganado el respeto de los rudos y valientes hombres con los cuales había echado su suerte.

Pero todos esos meses habían sido en vano; había fracasado en el propósito principal de su nueva vida: no podía olvidar. Hasta le parecía que el correr del tiempo agudizaba más la herida de su corazón en vez de aliviarla. Era como una punzada que le causaba una pesadumbre cada vez mayor. Se preguntaba si ella sentiría la separación, y si le importaría. Mientras sus pensamientos retrocedían dos años, comenzó a recordar cada incidente de cuando se conocieron. El día cuando la vio por primera vez acercarse con tanta gracia hacia el piano... la melodía que entonó:

"Las horas que pasé contigo, mi dulce amor,
son como un collar de perlas para mí".

Luego los dulces días que siguieron, el gozo de asistir juntos a conciertos, un oratorio, y la ópera.

Podía verla el día maravilloso cuando apareció ante el altar de la iglesia y pronunció las dulces palabras que los unirían para siempre. Cuán hermosa era, y cuán orgulloso se sentía de marchar a su lado por el ancho pasillo.

Recordaba la luna de miel como un sueño feliz. ¡Cuán claro estaba en su mente el regreso al bello hogar que le había preparado, y los primeros días dentro de esas paredes! ¡Cuán felices habían sido, y cuánto la había amado! ¿La *había* amado? Si la había amado de veras.

Después, las sombras cubrieron su hogar. Se preguntaba amargamente por qué no habría sido más paciente con ella, ¿por qué no habría sido más comprensivo ante las variaciones en el temperamento de su esposa? ¡Si era casi una niña! Ahora se daba cuenta de haber cometido graves errores. Pero... No, ¡nunca! Las palabras que ella había hablado en los momentos de ira habían quedado grabadas a fuego en su corazón. También recordaba perfectamente la respuesta que él le había dado:

"Tus palabras me convencen de que no podemos seguir viviendo juntos. Nunca las olvidaré ni te las perdonaré. ¡Me marcho de esta casa!".

Así había terminado todo. Sin pronunciar ninguna otra palabra, la había dejado pálida e inmóvil en medio de su delicada recámara. Había abandonado entonces ese hermoso lugar en busca del sitio más recóndito que pudo haber encontrado, y se había entregado a la vida trabajosa y rústica que ahora llevaba, en un vano esfuerzo por olvidar el pasado.

Luego sus pensamientos se dirigieron a la extraña tarjeta postal que había recibido el día anterior. Originalmente la habían remitido a la dirección de su abogado y él la había enviado a la pequeña oficina postal montañesa donde Juan recibía su correspondencia. Era una tarjeta común y corriente; lo raro era que el mensaje venía escrito en notas musicales y no en palabras. Cuatro compases en la clave de sol. Las había tarareado vez tras vez y le parecía que tenían un sonido extrañamente familiar, pero no podía identificar el fragmento ni ubicar al autor. Estaba convencido de que tenía un significado especial, pero ¿qué podría ser? ¿Quién la habría enviado? Entre sus amigos habían muchos músicos; cualquiera de ellos podía haber usado ese método para comunicarse con él. Continuó tarareando la frase mientras galopaba alrededor del ganado.

De pronto, mientras entonaba un pasaje de la obra maestra de un famoso compositor, se detuvo sorprendido. ¡Estaba cantando las notas de la tarjeta! Se habían presentado a su memoria espontáneamente. Escribió algunas palabras debajo de las notas. ¡No había duda, había resuelto el misterio!

Dio un tirón a las riendas con tal fuerza que casi levantó el caballo del suelo; luegó desmontó de un salto y corrió a buscar al "jefe".

—¡Debo llegar a Denver esta noche! ¡Necesito el mejor de sus caballos! Hay sólo 90 kilómetros a Empire, y allí puedo tomar el tren. Sale a la 1:00, y yo sé que puedo llegar a tiempo, si usted me presta a Estrella. Sé que es su caballo favorito, pero debo decirle, Sr. Coberly, que este viaje lo significa todo para mí. ¡Necesito llegar allí!

—Juan, deberías saber que yo nunca presto a Estrella, así que ¿para qué te molestas en preguntar? ¿Qué te pasa, que de pronto te entró esa urgencia?

Juan apartó a su jefe de los demás vaqueros, y le habló rápidamente y con gran ansiedad. Luego le mostró la tarjeta. El Sr. Coberly la escudriñó atentamente. Al hacerlo, cambió la expresión de su semblante.

—¿Por qué no me la habías mostrado antes? ¡Por supuesto que puedes usar el caballo! ¡A ver, muchachos, traigan y ensillen a Estrella para el Sr. Waring! —ordenó el Sr. Coberly.

En pocos momentos, se escucharon los resoplidos de los caballos y una docena de manos ensillaron rápidamente a Estrella. Despidiéndose aprisa de todos, Waring montó de un salto sobre el magnífico animal y partió en su jornada.

Los largos zancos de la mascota del Sr. Coberly devoraban la distancia de tal forma que a las ocho de la mañana sus ágiles cascos ya habían recorrido más de 30 kilómetros. Una parada de 5 minutos y luego, a campo traviesa hacia la parada de diligencias, que estaba a casi 25 kilómetros de distancia. Faltaban 20 minutos para las 10:00 cuando llegó a su destino. Desensilló el caballo y lo llevó al corral. El descanso de media hora le daría nuevas fuerzas. Faltaban 35 kilómetros para la estación del tren, y tenía tres horas para llegar. Pero había que cruzar las montañas y Juan sabía que los 16 kilómetros de la empinada cuesta del Paso Berthoud significaba el doble de esa distancia en terreno plano.

A las 10:15, Estrella galopaba cuesta arriba, subiendo kilómetro tras kilómetro. A tres kilómetros del tope, Juan se desmontó y guió al caballo por el sendero congelado. El aire enrarecido parecía quemarle los pulmones mientras luchaba por llegar a la cumbre del paso, que estaba a 3.600 metros sobre el nivel del mar.

Por fin descendieron al terreno plano, con sólo 8 kilómetros más para recorrer. De pronto, en un recodo del camino vio un jinete que se acercaba. El desconocido se lo quedó mirando con atención, y de pronto le apuntó con un revólver.

—¡Alto ahí! ¿Adónde vas con el caballo de Joe Coberly?

—He estado trabajando para el Sr. Coberly, quien me prestó el caballo para poder alcanzar el tren.

—¡A otro perro con ese hueso! Yo conozco bien a Joe. Sé que no le prestaría ese caballo ni a su propio hermano, mucho menos a uno de sus vaqueros. Creo que tendré que encarcelarte hasta que los muchachos vengan por ti.

—¡Por favor, señor sheriff, le estoy diciendo la verdad!

—No hay caso, amiguito; tu historia no tiene base. Y ¿por qué vas tan apurado?

Juan se acordó de la tarjeta postal. La sacó de su bolsillo y se la mostró.

—Esta es la razón de mi prisa —le dijo al policía—, y por eso el Sr. Coberly me prestó su caballo —y luego agregó unas palabras de explicación.

Apuntando al cautivo con su revólver, el capitán tomó la tarjeta. Mientras la leía, su rostro se iluminaba y su revólver se bajaba.

—Muy bien, muchacho. Siento haberte detenido. Espero que no pierdas el tren. Te acompañaré a la estación, porque algunos policías pueden detenerte por el caballo, todos lo conocen.

A los pocos minutos vieron la ciudad a dos kilómetros de distancia. El tren estaba en la estación. Un toque de las espuelas y Estrella se lanzó en veloz galope, dejando atrás al sheriff. De pronto, de la chimenea de la máquina comenzaron a salir nubarrones de humo negro, y la fila de vagones se empezó a mover lentamente. Entonces Estrella mostró de qué madera estaba hecho. Se lanzó adelante y se precipitó hacia el pueblo como un torbellino.

Una multitud de personas llenaba la estación. De pronto, los jinetes que se acercaban atrajeron su atención y todos se pusieron a mirar la carrera. De pronto, alguien gritó:

—Ese es el caballo negro de Joe Coberly, y ¡qué rápido galopa! El otro jinete no tiene esperanza de alcanzarlo. ¡Pero cómo! ¡Si es el sheriff, y va persiguiendo al otro! ¡Sin duda se robó el caballo!

Los demás unieron sus voces gritando también: "¡Ladrón de caballos!", y cuando Waring cruzó frente al edificio a la máxima velocidad de que Estrella era capaz, lo saludó una andanada de disparos. Por suerte las balas no lo tocaron, y antes que pudieran seguir disparando, el sheriff se precipitó entre la multitud, rugiendo: "¡No tiren, ese hombre es honrado! Sólo está tratando de tomar el tren". Todos corrieron a las líneas del tren, donde podrían ver mejor la carrera.

Con la mirada fija y las mandíbulas apretadas, Juan galopaba desesperadamente. Faltaban 10 metros y los espectadores del último vagón lo miraban sin casi atreverse a respirar. ¡7 metros... y luego sólo dos! Pulgada a pulgada siguió acortándose la distancia, ¡La plataforma estaba allí mismo! Desvió bruscamente hacia el tren el caballo que volaba junto a la línea, soltó las riendas y, aferrándose de la baranda con ambas manos, se levantó de la montura, sacudió los pies de los estribos y aterrizó en los escalones. De la distancia llegó a sus oídos el débil eco de los vítores que lanzaban los espectadores.

Cuando el tren se acercaba a Denver, Juan recordó algo que en su emoción había olvidado; los bancos probablemente estarían cerrados y no podría cambiar un cheque para seguir su viaje. Pero hasta aquí la tarjeta postal le había servido; quizás su misión todavía no estaba terminada.

Al llegar, saltó a un carruaje y se dirigió a la farmacia más cercana, donde consultó una guía.

—¡Calle 17 sur, número 900! —gritó, en cuanto volvió a subir al coche. Al llegar a su destino, pidió que lo esperasen mientras subía las escaleras de una mansión.

La puerta se abrió, y apareció un mayordomo de digno aspecto.

—Necesito ver al Sr. Foster. Me llamo Juan Waring. No tengo una tarjeta conmigo.

El caballero mencionado entró inmediatamente.

—Sr. Foster, ¿es usted es el presidente del Banco Nacional de Denver que, según entiendo, maneja los intereses del Second National Bank de Boston?

—Así es.

—Tengo cuenta en el Second National, y necesito que por favor me cambie un cheque. Sé que los bancos están cerrados, pero aunque no fuera así, no traigo conmigo ninguna identificación. Es muy importante que tome el tren expreso esta noche, de lo contrario no lo molestaría a esta hora tan irregular.

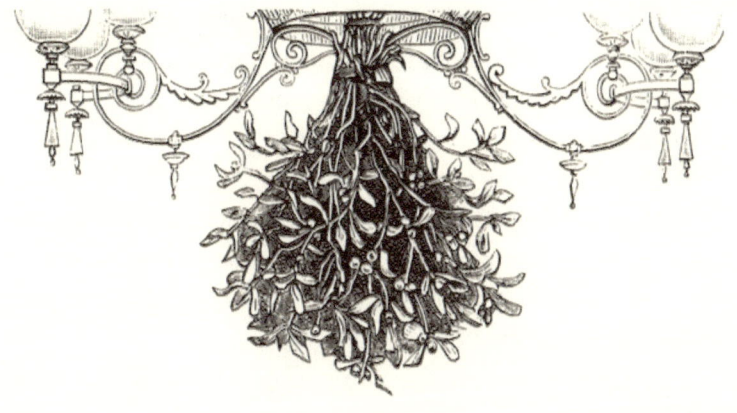

—Un momento, Sr. Waring. Perdóneme por interrumpirle, pero creo que nos ahorrará tiempo a usted y a mí si le digo de una vez que eso es imposible. Mi consejo es que envíe un telegrama a su banco y pida que le envíen el dinero.

—Por supuesto, sé que puedo hacerlo, pero eso significaría la pérdida de un día entero, y es precisamente lo que debo evitar. Estoy dispuesto a pagar cualquier cantidad razonable extra si me cambian este cheque.

—Debe ser algo muy urgente lo que tiene que atender. Realmente, Sr. Waring, me resulta imposible atender su petición.

—Efectivamente, se trata de un asunto urgente —le dijo Juan, y le contó lo de la tarjeta y su propósito, explicándole brevemente sus esfuerzos por llegar a la ciudad a tiempo para tomar el tren de esa noche.

—Permítame ver la tarjeta. ¿De dónde dice que fue sacado?

Al escuchar la respuesta, el Sr. Foster salió del cuarto volviendo en pocos minutos con un libro de música que colocó sobre la mesa. Comenzó a hojearlo, hasta que por fin encontró lo que buscaba. Luego comparó cuidadosamente la música impresa con las notas de la tarjeta. Por fin se volvió hacia el joven y le dijo:

—Me encargaré yo mismo del asunto; será, desde luego, un gesto puramente personal, por cuanto es contrario a mi método de actuar en los negocios, pero no puedo resistir una apelación como ésta. ¿Cuál es la suma que desea?

—Cien dólares me serán suficientes.

—Haga su cheque por 150. Los va a necesitar, a menos que desee viajar con esa misma ropa que trae encima. Puede cambiar este cheque en el Hotel Brown Palace. Telefonearé al cajero, para que no le den problemas.

Juan trató de agradecerle, pero el banquero no quiso escucharlo.

—No es nada, joven. Me alegra saber que pude ayudarlo. Que pase feliz Navidad y que tenga un viaje placentero. Adiós.

Un rápido apretón de manos, y Juan bajó las escaleras corriendo.

—¡A la oficina de telégrafos, por favor! —le dijo al cochero. Minutos después, estas palabras volaban por el telégrafo:

"Recibí tarjeta. Llego Boston viernes noche. Lee Lucas 1:13; Juan".

Cuando el Chicago Limited salió esa noche de la estación de Denver, Juan Talbot Waring, perfectamente ataviado según los requisitos del buen gusto, iba en la plataforma trasera del Pullman, tarareando suavemente la hermosa música de "El Mesías". Había una tierna luz en sus ojos mientras miraba la tarjeta que sujetaba en su mano. Y estas eran las palabras que leía:

"Porque un niño nos es nacido;

un hijo nos es dado".

En ese mismo instante, a 3.000 kilómetros de distancia, en el este del país, una pálida joven sostenía un telegrama junto a sus labios. Al lado de su cama estaba una Biblia abierta. Inclinándose suavemente, apoyada en su almohada, miró con amor la preciosa cunita y susurró: "Y llamarás su nombre Juan".

POR QUÉ EL MINISTRO NO RENUNCIÓ

Autor desconocido

Uno de los primeros relatos que recuerdo que mi madre me contaba —muchos de ellos de memoria—, es éste. Mi madre relataba las historias con toda su expresión. Reía en las partes divertidas y lloraba en las partes tristes. Este es uno de los que la hacían derramar lágrimas; hasta donde recuerdo, nunca contó esta historia estilo Hatfield-McCoy con los ojos secos. Tampoco lo hacían sus oyentes.

Julio esperó hasta que su esposa acostara al bebé en la cuna, luego se acercó a ella y le dijo:

—Rebeca, lo haré el próximo sábado.

—¡Oh, Julio, no *el próximo* sábado! —exclamó ella, consternada—, ¡El próximo sábado es Navidad!

En el rostro bien afeitado de Julio Taft se dibujó una sonrisa.

—Bueno, ¿por qué no, mujercita? Sería una buena forma de celebrar la Navidad. A todos nos gusta algo nuevo. Lo tradicional y los villancicos ya fastidian.

—¡Julio!

—Perdóname, querida; pero mi corazón está amargado. Rebeca, ya no puedo más. Lo haré la próxima semana.

—Pero Julio, ¿qué sucederá después?

Los ojos de la madre se dirigieron a la fila de sillas pequeñas que había adosadas contra la pared, cada una con un montón de ropita cuidadosamente doblada. Había tres sillitas y una cuna. "Después de todo, ¿qué será de nosotros?" parecían argumentar en silencio, oponiéndose a lo que oían.

—¡No te preocupes, Rebeca! Después trabajaré haciendo hoyos para ganar el pan de mis hijos —respondió el esposo, con una risa forzada, haciéndola sentarse junto a él en el sofá.

—Hablemos del asunto, querida. He llevado la carga solo hasta donde he podido.

—¡Solo! —lo reprendió ella suavemente—, Julio, tú sabes que la he llevado contigo.

—Lo sé, querida; pero ambos lo hemos guardado en silencio. Rebeca, ahora lo sacaremos todo, no hay razón para andar con rodeos, tengo que hacerlo.

—¡Oh, Julio, si tan sólo fuéramos pacificadores! —sugirió la esposa.

—Pero no podemos, ni siquiera lo puede la pacificadora esposa del pastor. No nos dejarán hacerlo, prefieren pelear.

Ella colocó su mano sobre sus labios para evitar que pronunciara ese término tan duro; pero sabía que se aplicaba.

—Julio, ellos no se dan cuenta. ¡Si tan sólo la Sra. Correa y la Sra. Fuentes se dieran cuenta! Ellas podrían influir en todos los demás y así todos se arreglarían. Julio, ellas son las que tienen que hacer la paz.

—Sí, pero los Fuentes y los Correa no harán las paces, no se puede mezclar el aceite con el agua. El rencor entre ellos viene desde tres generaciones atrás. No veo cómo se puede resolver eso.

—Pero Julio, en Navidad, cuando debiera haber paz en el mundo —murmuró Rebeca, quedito. El ministro exhaló un profundo suspiro.

—No hay nada de "paz, buena voluntad" en la iglesia de Saxon, Rebeca, por lo tanto no habrá ningún servicio especial. Será como todos los demás servicios, lo único diferente es que el pastor renunciará.

—Pero, ¿predicará un sermón de Navidad? —preguntó la esposa, pacificadora.

—Sí, querida, él predicará un sermón de Navidad para complacer a su querida esposa.

Por un rato permanecieron sentados en silencio. El bebé que dormía sacó una manita rosada de entre las frazadas. El reloj en la pared repetía monótonamente: "¡A dormir, a dormir, a dormir!"

Ambos estaban muy cansados, pero se quedaron sentados lado a lado en el duro sofá, con los mismos tristes pensamientos. La esposa fue la primera en romper el silencio.

—Querido, hay muchas cosas en las que debemos pensar —susurró.

Como él era mucho más alto que ella, la miró hacia abajo y le sonrió.

—Cuatro cosas —contó con sus dedos—, ¡Caty, Julito, Pulgarcito y el bebé!

—Sí, me refería a los niños. Si tú...

Julio Taft era un hombre alto y ancho de hombros. Se paró y la enfrentó. Su rostro, delgado y de expresión bondadosa, era el rostro de un hombre que, si no encontraba la oportunidad que necesitaba, era muy capaz de fabricarse una.

—¿Pensaba la madre de los niños que lo único que yo puedo hacer es predicar? —exclamó, en tono jovial. Pero no pudo soportar la preocupación que asomaba al rostro de su esposa.

—Ya se te olvidó que yo accionaba los fuelles en la herrería de mi padre. ¡Puedo volver a hacerlo! Puedo encontrar un trabajo honrado en este mundo de Dios, y te aseguro, querida, que eso será mucho mejor que predicar a una iglesia dividida.

—Sí, será mejor —asintió ella; luego se quedaron escuchando el reloj.

En la iglesita de Saxon perduraba una antigua contienda, la cual le había creado cierta fama en toda la región. Otras iglesias la señalaban con lástima. Los habitantes de Krell y Dennistown se divertían al comentar el hecho de que la congregación de Saxon estaba dividida por el amplio pasillo en dos campos hostiles, y que nadie se atrevía a cruzarlo.

—¡Ese pasillo es la "tierra de nadie"! —comentaba con sorna la mujer más chismosa de Krell—. ¡Sólo el ministro se atreve a cruzarlo! Los del partido de los Correa se sientan en un lado y los de los Fuentes en el otro lado. ¡La galería está reservada para los neutrales, pero siempre está vacía! Esa situación es muy difíl para el pastor.

El "noticiero" de Krell tenía razón. La situación era terriblemente difícil para el pastor de Saxon. Durante ocho años él y su buena esposa habían luchado por apaciguar las aguas embravecidas, pero éstas todavía corrían turbulentas. Por donde se viera, perduraba la discordia. Otra congregación se hubiera separado tiempo atrás, y mucho más que por sólo el ancho de un pasillo. Pero la congregación de Saxon tenía su forma particular de hacer las cosas. Sus fundadores habían sido gente original, y las generaciones posteriores habían heredado ese rasgo.

A mitad de la semana antes de Navidad, Julio Taft entró en la pequeña guardería de la casa pastoral, con señales de congoja bien marcada.

—¿Qué te pasa? —preguntó Rebeca. dejando de mecer al bebé que tenía en brazos. En seguida los bracitos del niño se extendieron hacia la alta figura del papá.

—Dime, Julio.

—Te ruego, mujer, que me permitas entrar y quejarme un poco. ¡Estoy tan cargado que ya no resisto más! Dame al bebé. ¿Qué crees que sucedió ahora, querida?

—¿Estalló la iglesia? —contestó Rebeca—.

—Todavía no, pero la mecha ya está encendida. Acabo de enterarme acerca de la música de Navidad. ¡Yo esperaba que todavía no la hubieran elegido!

—¡Oh Julio, yo también! Ahora eso sin duda acarreará más dificultades.

—¡Ya lo ha hecho! Me acabo de enterar que la Sra. Correa está haciendo que su pequeña Leticia ensaye un villancico; tú sabes que ella tiene una linda voz.

—Sí, tan clara como la de un ruiseñor. Julio, ¿qué tiene de malo que ella cante?

—Nada, pero la Sra. Fuentes está preparando a Eugenio para que cante —dijo el ministro.

—Pero no un dúo, supongo.

Los dos se rieron. Y a su risa se unieron los agudos tonos de la risa del bebé, la única que sonaba alegre. El rostro cansado del pastor volvió a adquirir una expresión de seriedad.

—No sé cómo van a salir las cosas —suspiró—. Ambas madres están muy determinadas, y los sentimientos de hostilidad son tan fuertes... ¡Lástima que la situación no se esperó un poco más, hasta que tú y yo hubiéramos vuelto a la herrería!

Detrás de la casa pastoral, donde estaban los árboles frutales, ahora sin hojas, había un pequeño grupo de niños reunidos una agradable tarde de diciembre. Entre ellos se notaba la misma división que separaba a sus mayores. Dos grupos bien definidos estaban separados, mirándose con familiar desprecio. En medio de ellos se hallaban dos de los niños del pastor, aparentemente tratando de hacer la paz.

—Juguemos a congregarnos —sugirió Julito, que era una copia en miniatura de su padre—; yo predicaré.

—¡Sí, hagámoslo! Ya estamos cansados de jugar a la batalla —sugirió ansiosamente Corina. La batalla era el juego favorito, sin duda por las excelentes oportunidades que ofrecía a los partidos opuestos.

—Siéntense en el tronco grande, ése es un buen lugar. Esta roca será el púlpito —dijo el pequeño ministro con aire de importancia, y los niños se acomodaron. Es de mencionar que el ancho tronco del viejo árbol caído sirvió para separar los partidos rivales. El delgado rostro de Julito adquirió una expresión seria al pararse frente a su pequeña congregación. Por un momento permaneció sumido en seria meditación. Luego su rostro se iluminó.

—¡Ya sé! ¡Les predicaré un sermón de Navidad! —exclamó suavemente—. Ese tema será muy apropiado porque como ustedes saben, el sábado es Navidad. Comenzaré. Mi texto de hoy es... es... ¡ya sé! "Al mundo paz, y buena voluntad para con los hombres". Sí, "Al mundo paz, y buena voluntad para con los hombres".

El sol brillaba y la tarde era tranquila en la quinta, atrás de la casa pastoral. Las filas de rostros infantiles se revistieron de piedad, serios y solemnes. El pequeño ministro estaba extasiado. De pronto una vocecita dulce interrumpió.

—Yo cantaré los villancicos —dijo.

—¡No, *yo* los cantaré! —se oyó otra voz.

—Mi mamá ya me los enseñó, y te aseguro que yo soy la que va a cantar en Navidad!

—¡No, Leticia Correa! ¡Mi mamá me ha estado enseñando a mí!

—Mi mamá dice que yo voy a cantarlos, así que óyelo bien, Eugenio Fuentes!

—¡Mi mamá lo dijo, y yo lo haré!

Los pequeños rivales se miraron el uno a la otra, y un airado murmullo de apoyo se escuchó entre el pequeño público. El pastorcito se sentía preocupado. El manto de su padre lo agobiaba.

—¡Silencio! —gritó con decisión—, toda la congregación cantará. Siéntense que voy a predicar.

Por un momento se escuchó únicamente el sonido de su fervorosa voz en el huerto nevado, acompañada del susurro del viento. Predicó con profunda convicción. Dos chapitas florecían en sus mejillas mientras hablaba.

"'Paz en la tierra', eso quiere decir que todos debemos ser amigos —dijo—, todos debemos tener paz, querernos mucho y ser buenos como era el Señor Jesús. ¿Creen Uds. que él se sentaba cada sábado en el mismo lugar del pasillo? No, mis amigos, les voy a decir lo que el Señor hubiera hecho. Leticia, se hubiera sentado en tu lado hasta la hora del sermón; luego, calladito, con su ropa blanca tan linda, se hubiera pasado al lado de Eugenio hasta el final, sólo por traer 'al mundo paz'. ¿No pueden ustedes cerrar los ojos y verlo sentado ahí?"

El pequeño rostro moreno brillaba con una solemne luz.

—¿Pueden imaginarse cuán sereno, amoroso y bondadoso se vería? Y luego que mi padre le pidiera la oración final y él extendiera sus manos sobre nosotros diciendo suavemente: "Paz en la tierra y buena voluntad para con los hombres". En otras palabras que nos amemos unos a otros, que nos sentemos juntos y que cantemos juntos del mismo himnario.

El silencio bajo los árboles sin hojas era profundo. Todos los rostros estaban solemnes. Parecía como si el Huésped vestido de blanco estuviera entre ellos, cruzando el pasillo divisorio con pasos quedos y movimientos suaves, como si sus manos estuvieran extendidas sobre ellos dándoles la bendición.

"Paz en la tierra, y buena voluntad para con los hombres".

Los pequeños rostros se miraron solemnemente unos a otros. El ministro continuó predicando con mucho ánimo, sus manos inconscientemente extendidas.

—Querría decir que todos cantemos los villancicos de Navidad compartiendo los himnarios. ¿Por qué no lo hacemos hoy, como si él estuviera aquí?

Esperó confiadamente, y no en vano. Dos figuritas, una en cada extremo del tronco, se pararon y comenzaron a cantar. Gradualmente se acercaron hasta que estaban lado a lado. Sus claras vocecitas infantiles se unieron dulcemente.

———

El pastor Taft, acongojado, se dedicó a preparar su sermón. Las nubes del conflicto parecían agruparse ominosamente. En su tranquilo estudio los rumores de guerra lo acosaban.

—No sé cuál será el resultado, querida —dijo con un suspiro—, pero he hecho lo que he podido. He hablado con ambas mujeres. Las dos ya tienen sus planes inflexibles, y si se chocan... viene la guerra.

—Sí, luego viene la guerra —suspiró la esposa del pastor.

—¡Traté de persuadirlas; pero no te imaginas cuánto esfuerzo puse en ello! Sin embargo, sabía que perdía el tiempo y que era mejor volver a casa a preparar mi sermón. Ahora esperaré; pero, Rebeca, no te olvides que dos cosas pasarán mañana.

—¿Dos cosas, Julio?

—Sí, la renuncia del pastor y la guerra.

Se echó a reír, pero su palidez conmovió a Rebeca. Sentándose sobre las rodillas de su esposo apoyó su propio rostro, también pálido, contra el suyo. De pronto, escucharon voces felices de niños que cantaban. Eso les ayudó.

—Julio, ¡cuánto quiero a nuestros niños! —susurró la madre.

—¡Dios los bendiga! —dijo el padre.

—Sí, ¡Dios los bendiga! Y él lo hará, Julio. Creo que nuestro muchacho será un predicador.

—Entonces, ¡que el Señor se apiade de él! —exclamó el ministro.

———

La mañana de Navidad llegó clara, fría y hermosa. El carillón de la torre tocaba melodías navideñas, pero los pequeños cantantes de la iglesia de Saxon no estaban cuando llegó la hora del sermón. Sus madres los buscaron en vano. Ambos habían desaparecido al final de la escuela sabática y nadie sabía dónde andaban.

Repicaron las últimas campanadas y las madres, perplejas, dejaron de buscar y se sentaron solas, cada una en su lugar. Ambas estaban inquietas y molestas, pero palpablemente aliviadas al descubrir que las pérdidas eran mutuas.

En la banca del pastor, la esposa y su rebañito se acomodaron con gentil dignidad.

Comenzó el servicio, y procedió con cierta monotonía. En ambos lados del ancho pasillo el chasco era evidente, como si algún suceso que se esperara con fruición hubiera fracasado. Todos habían esperado que sucediera algo. La ausencia de la pequeña Leticia Correa y el niño Eugenio Fuentes lo hacía imposible.

El ministro oró en el estilo fervoroso y directo que le era habitual, y cuando anunció el himno de apertura, sucedió "algo", mas no lo que esperaban. De pronto, en los oídos de la gente resonó una melodía dulce, clara y hermosa, que sólo las voces infantiles pueden lograr. Se acercaba... ¡Allí, en el amplio pasillo! Se oían dos voces. Un niño y una niña desfilaban hacia el frente, tomados de la mano, entonando juntos un himno de Navidad.

—"Al mundo paz, nació Jesús... el corazón ya tiene luz, y paz su santa grey... y paz su santa grey! —cantaban las vocecitas, llenando el silencio de la iglesia con sus claras melodías. Los rostros de los que escuchaban se llenaron de suavidad y ternura. Las dos madres se inclinaron hacia adelante, absortas.

—¡Aleluya! ¡Aleluya! —en tono dulce y triunfal— ¡Paz en la tierra y buena voluntad para con los hombres!

Al llegar frente al púlpito, las figuritas infantiles se volvieron hacia el público, y continuaron cantando. Allí quedaron, tomados de la mano hasta terminar de cantar. Eran muchas estrofas, y las cantaron todas. Al final, descendieron solemnemente los escalones, y por el ancho pasillo se fueron a sentar, cada uno en el lugar del otro, mientras la congregación los miraba, sin querer creer lo que veía.

La pequeña Leticia Correa se sentó al lado de la Sra. Fuentes, y le dirigió una amable sonrisa.

—El hubiera hecho lo mismo, ¿sabe a quién me refiero? Al Señor Jesús—, dijo la niña.

Y al otro lado del pasillo, en la banca de los Correa, el pequeño Eugenio Fuentes se acomodó, con un suspiro de alivio.

—¡Me alegro que todo pasó! —dijo, en tono bajo pero audible—. Lo hicimos porque era Navidad, y porque a Jesús le hubiera gustado que cantáramos mirando en el mismo himnario. Por eso también fue que cambiamos lugares, para hacer "paz en la tierra", ¿se da cuenta?

—Sí —susurró la Sra. Correa, conmovida—, lo comprendo, Eugenio.

Y al decirlo, miró a la otra madre, mientras el rostro se le iluminaba con un destello de la "paz en la tierra" que Eugenio mencionara.

——

El sermón del huerto había dado frutos. El otro sermón, el de la mañana de Navidad, también había de dar su fruto, porque el joven pastor predicó como jamás lo había hecho, y sus feligreses escucharon. Los niños los habían guiado, ¿cómo no iban a seguirlos?

Las líneas de paciente preocupación en el rostro de Rebeca Taft se fueron borrando una por una. La promesa de una paz venidera se apoderó de su corazón y lo confortó. Sobre toda la iglesia se cernía el espíritu navideño de amor, paz y buena voluntad.

¡Ah, sí! Y el pastor... ya no renunció.

"MEDITACIÓN" EN TONO MENOR

José L. Wheeler

¿Puede una pieza musical dominar la vida de una persona? ¿O la de dos?

EN OCHO minutos se abrirá el telón, Sr. Devereaux.

—¿Cómo se ve el panorama?

—El teatro está lleno. No; más que lleno. Ya están rechazando a los que quieren comprar entradas sin derecho a asiento.

—Para serle franco, Sr. Schobel, esto no deja de sorprenderme. Mi último concierto aquí no fue exactamente un gran éxito.

—Lo recuerdo, maestro. El teatro estaba apenas a un tercio de su capacidad.

—¡Hum! Me pregunto... Bueno... ¿Qué cree usted que habrá provocado esta diferencia?

—Bueno, por una parte, éste es su primer concierto de Navidad. Por otra, la gente muestra renovado interés; la nueva grabación de Deutsche Grammophon ha dado que hablar en toda Europa. Pero discúlpeme, maestro, será mejor que lo prepare para el concierto. Buena suerte.

———

No hay duda, musitó, mientras se inclinaba para agradecer los aplausos, *la venerable Casa de la Opera está verdaderamente llena.* Como siempre, sus ojos escudriñaron el mar de rostros, buscando en vano a la persona que nunca venía... ausente ya por diez largos años. ¡Cómo había acariciado la esperanza de que esta noche fuera diferente! Después de todo, ese paquete no había producido el efecto esperado...

Esta noche se cumplían diez años... Había sucedido aquí mismo, en la vieja ciudad de Viena. Se suponía que iba a ser la Navidad más feliz de su vida; pues ¿no se convertiría Ginevra en su esposa al día siguiente?

El noviazgo había sido digno de un cuento de hadas. Había comenzado en el festival de música de Salzburgo, donde él había sido el centro de atención, no sólo de toda la ciudad sino de todo el mundo. Después de todo, ¿no había asombrado a los aficionados con su hazaña increíble, al llegar a ser el primer pianista que hubiera conquistado la triple corona del mundo pianístico, el primer lugar en los concursos Van Cliburn, Reina Elizabeth y Tchaikovsky?

Su fama había crecido constantemente a medida que los grandes premios caían uno tras otro en sus manos. Ahora, mientras los periodistas y camarógrafos le seguían sus pisadas, se dejó embriagar por el vino de la adulación.

El romance comenzó cierto día en que, inclinado sobre el parapeto del Castillo de Salzburgo, contemplaba cómo el sol matinal teñía de dorado los techos, abajo en la ciudad. Se había levantado temprano con la intención de subir la colina hasta el castillo y contemplar la salida del sol. Una fresca brisa alpina agitó las ramas de los árboles por encima... y al mismo tiempo desplazó unas guedejas de cabello negro como ala de cuervo, a sólo dos o tres metros de él, a su izquierda. Sus miradas se cruzaron, y ambos apartaron la vista, para luego sonrojarse al volver a mirar. Ella era la muchacha más bella que él hubiera visto jamás. Pero su belleza iba más allá de su apariencia. También tenía gracia y donaire. Más tarde habría de descubrir también la belleza de su alma.

Con una timidez rara en él, se presentó. Al conectar su nombre con las portadas de periódicos y revistas, ella retrocedió, confundida. Desarmándola con una sonrisa, cambió rápidamente de tema: ¿Qué hacía ella en Salzburgo?

La joven había ido a Europa en un viaje de estudios que debía durar todo el verano. ¡Cómo saltó de gozo su corazón cuando supo que el grupo al cual pertenecía ella se quedaría en Salzburgo toda la semana! Aprovechó bien su oportunidad; antes de su partida, hizo que sus dedos soltaran —sin gran dificultad— una copia de su itinerario.

Y a semejanza de Javert, némesis inexorable de Jean Valjean, la persiguió por toda Europa, provocándole terribles accesos de ira a su empresario de conciertos. ¿Se había olvidado de la larga y ardua lista de compromisos otoñales que debía preparar? ¿Se había olvidado de cuánto tiempo se necesitaba para memorizar un nuevo repertorio? No, no lo había olvidado. La verdad era que sus prioridades habían cambiado repentinamente. A mediados de cada semana, en verdaderos maratones que no respetaban el reloj, había cumplido con su deber de practicar, y luego se escapaba para pasar el fin de semana con Ginevra.

Ambos se convirtieron al instante en almas gemelas. A los dos les encantaban las montañas y el mar, el alba y el ocaso, Tolstoy y Twain, la nieve y la arena, las caminatas y el esquí, las catedrales góticas y los castillos medievales, los cafés con mesas en la acera y las librerías antiguas. Pero no eran copias carbónicas el uno del otro. En lo referente al arte, a ella le encantaban Georges de la Tour y Caravaggio, mientras que los santos patrones de él eran Durero y Jerónimo Bosch; en música, él prefería a Mozart y Prokofiev, mientras que a ella le fascinaban Chopin y Liszt.

Desde el día en que la conoció, él supo que en su vida jamás podría haber otra mujer. El era una de esas rarezas, un hombre que de todo el mundo escogería una sola, y si se le negaba su elección...

Pero no le fue negada. El último día de su estadía, pocas horas antes que Ginevra abordara el avión para volver a su tierra, Miguel le pidió que lo acompañara a subir las escaleras zigzagueantes del campanario de la Votivkirche, la gran catedral neo-gótica de Viena, inferior sólo a su legendario antepasado, la catedral de San Esteban.

Muy arriba en la torre, respirando profundamente por más de una razón, su voz temblaba al tomar cautivas las dos manos de la joven y mirar a través de sus ojos honestos al interior de su corazón... que sin necesidad de preguntar, él ya sabía que le pertenecía. Nunca alcanzó a pronunciar el *sí*, porque la atracción que ejerció sobre él la adorable curva de sus labios y el camino iluminado que en sus ojos conducía al cielo, fue irresistible.

El éxtasis que capturó sus emociones en los momentos que siguieron es algo que —si se tiene suerte— se experimenta una sola vez en la vida.

De pronto, la escena cambió, y Miguel se puso rígido, como si hubiera recibido un golpe mortal; porque sólo cuatro meses después, en esa misma torre, su mundo había llegado a su fin, una noche terrible, en la que sus sueños nupciales habían sido destrozados por un violín.

Ginevra se arrebujó en su abrigo de invierno mientras la limousine del aeropuerto desaparecía en la noche. En el interior del Teatro de la Opera, se dirigió a la ventanilla para recibir su entrada, que había sido reservada de antemano.

Del otro lado de las puertas escuchó cómo el Concierto Italiano de Bach volvía a la vida. Concentró su atención. Sí, no se había equivocado; había sucedido un cambio.

Apoyada contra un pilar, se dejó sumergir en la distante melodía mientras tomaba el pergamino de su vida y lo desplegaba en un tercio de su longitud. ¡Cuán vívidamente recordaba ese otoño memorable! Las cartas de Miguel llegaban con tanta regularidad como la noche sigue al día: la mayor parte del tiempo misivas largas, y más cortas cuando el ritmo agotador de sus actividades no le permitía extenderse. Su ritmo era invariable: subía por el camino de montaña hasta el buzón; buscaba entre su contenido hasta encontrar ese sobre precioso, lo ponía encima de todo lo demás y lo llevaba, sin haberlo abierto, al chalet que se cernía sobre un promontorio, a seis cuadras por encima de la llanura de Denver. Caminaba entonces hasta la terraza superior, y se acomodaba en un asiento. Hacia su derecha, los montes Flatiron [de la Plancha] se cernían sobre la ciudad de Boulder. Al centro, en frente de ella, la silueta de Denver se recortaba contra el cielo, y por la noche se convertía en un país encantado, lleno de luces centelleantes; a la izquierda, las montañas escalaban el horizonte hasta llegar a Longs Peak, de 4.320 metros, y el Parque Nacional de las Montañas Rocosas. A continuación, se ponía a escuchar los pinos... ¡oh, esos pinos celestiales! Cuando los escuchaba susurrar su misterioso rumor, *entonces* abría la carta.

Tan llenos de romance se hallaban sus ojos estelares, que pasaron semanas antes que se diera cuenta de que en su corazón asomaba una pequeña grieta, y que Miguel era el causante de ella. No se había dado cuenta durante ese verano idílico cuando ambos habían pasado tanto tiempo explorando catedrales góticas, contemplando extáticos cómo la luz transformaba el vidrio de colores en gloria indescriptible, sentados en el banco mientras el organista abría los registros y hacía que los tubos desafiaran los límites de la prudencia en sus vibraciones.

Finalmente, en una larga carta, le preguntó sin ambages si creía en Dios. Su respuesta fue una obra maestra de subterfugio y ambigüedad, porque él comprendía muy bien cuán central era para ella el Señor. Como lo han hecho las mujeres desde el comienzo del tiempo, ella racionalizó que si él la amaba lo suficiente —y sin duda que así había de ser—, entonces no cabía duda de que llegaría a amar a Dios tanto como ella lo amaba.

De modo que hizo a un lado sus premoniciones y sus dudas, y procuró acallar también la preocupación de sus padres en el mismo sentido. Miguel quería que se casaran en la misma catedral donde él le había propuesto matrimonio, y como era bastante grande como para acomodar a los familiares y a los personajes más destacados del mundo de la música, ella había accedido, un tanto a desgano. Personalmente, le hubiera gustado mucho más haberse casado en la pequeña capilla situada en lo alto de la Avenida Mapleton. Una boda navideña en la iglesia que tanto amaba... pero no habría de ser así.

La joven y su familia decidieron hacer lo mejor posible de la situación, así que bajaron la montaña, tomaron la carretera hasta el aeropuerto de Stapleton, abordaron el avión y se acomodaron para el viaje. Cuando la gran aeronave de la compañía United se elevó rugiendo de la pista, Ginevra miró por la ventana hacia Denver y lo vio desvanecerse a sus espaldas, junto con su querido Colorado. Se preguntaba si el mundo europeo de Miguel podría alguna vez reemplazarlo...

Hacía frío esa memorable víspera de Navidad, y la nieve yacía profunda en las calles vienesas. Ginevra, siempre romántica, le pidió tímidamente a Miguel que hiciera una peregrinación especial con ella.

—¿A dónde? —preguntó él—. Afuera hace mucho frío.

—Al campanario de la Votivkirche.

Miguel sonrió con esa expresión juvenil que a ella tanto le gustaba.

—Entonces es cierto que me voy a casar con una sentimentalista, ¿verdad? Bueno, bueno —se quejó, de buen humor—, más vale que me vaya acostumbrando. Vamos a buscar nuestros abrigos.

Un silencio sobrenatural se apoderó de la gran ciudad, a medida que subían una vez más por las escaleras circulares de Votivkirche. La joven contuvo la respiración ante la belleza del panorama, cuando por fin llegaron al mirador y pudieron contemplar los techos y calles nevadas, que se extendían a sus pies. Miguel, sin embargo, prefería evidentemente la visión que ella representaba, en su vestido color de fuego y su abrigo de piel de marta.

Entonces... muy lejano y apagado... oyeron el sonido. Nunca pudieron saber con exactitud de dónde provino; si de la calle, subiendo por el interior de la torre, o si de algún apartamento al otro lado de la calle. Ordinariamente, en la cacofonía de la ciudad no lo hubieran podido escuchar, pero esa noche en que la nieve apagaba los sonidos de la calle, se podía distinguir cada nota. El violinista, no importaba quién fuese... era un verdadero maestro.

Ginevra escuchaba, transfigurada. Miguel, al notar sus mejillas surcadas por las lágrimas, destruyó la magia del momento, con una risa mal concebida.

—¡Vamos, muchachita llorona! ¡Si no es más que una canción! Yo la he escuchado otras veces. No recuerdo quién la escribió, pero de ningún modo es digna de que uno llore al escucharla.

Se detuvo al verla retroceder como si le hubiera azotado el rostro con un látigo. La joven palideció, y luchó por controlarse. Tras una larga pausa, dijo con voz monótona:

—No es una canción. Es "Meditación", de Massenet.

—Magnífico —respondió Miguel—. En lo que a mí se refiere, prefiero meditar en ti.

Hubo un largo silencio, y ahora, bastante incómodo, dio unos pasos y procuró transformar el incidente en una broma. Pero fracasó totalmente en su empeño.

—¡Tú... no lo oyes! —exclamó ella—. ¡No comprendes... Yo nunca puedo escuchar esa melodía sin derramar lágrimas... ni sin sentir que las notas me elevan al cielo! ¡Massenet tiene que haber sido un cristiano!... Además, cualquier persona capaz de tocarla como acabamos de escuchar, *tiene* que ser también un cristiano!

—¡Vamos, Ginevra! ¿No estás exagerando esa sencilla cantinela? Cualquiera que sepa bien tocar violín podría interpretarla así. Por cierto que yo podría, y ni siquiera creo en... en Dios...

Hizo un esfuerzo tardío por controlar sus palabras, pero ya habían sido pronunciadas, casi en contra de su voluntad.

En lo profundo de la ciudadela de su ser interior, Ginevra sintió que su corazón se estremecía, asaltado por dos poderosas fuerzas antagónicas. Allí donde antes existiera una delgada trizadura, ahora apareció un abismo rebosante de dolor.

La expresión de agonía del rostro de ella lo hizo por fin recobrar la cordura, pero era demasiado tarde. Ginevra lo miró, con sus mejillas como témpanos y con ojos tan congelados que apenas podía discernir un débil reflejo de lo que hacía sólo un momento casi lo había deslumbrado con el brillo de mil velitas que el amor mantenía encendidas.

La joven se volvió, se quitó algo de su dedo, lo deslizó en el bolsillo de su abrigo, y se retiró. Tan rápidos fueron sus movimientos, que en el primer momento él no se dio cuenta de su partida. Después gritó su nombre y se lanzó ciegamente escaleras abajo. Ginevra, sin embargo, con el instinto de un animal herido, encontró una puerta sin llave junto a las escaleras, y se escondió allí hasta que él terminó su descenso de la torre y se perdió calle abajo. Mucho más tarde, ella se deslizó en silencio a un mundo que las campanas de medianoche hacían alegre; pero en su corazón no había gozo esa Navidad.

Decidió que nunca lo volvería a ver. No daría respuesta a ninguna de sus llamadas, cartas o telegramas; una sola vez le escribió, diciendo: "Por favor, *nunca* trates de comunicarte conmigo otra vez".

Y él, con su orgullo hecho jirones, nunca lo había hecho.

——

Miguel no olvidaría nunca esa Navidad terrible, cuando debió enfrentarse —solo— con varios millares de invitados y con la prensa, para anunciar que la boda no tendría lugar. No, no podía ofrecerles una razón... y con eso, había huido.

Por cuanto había planeado una prolongada luna de miel, no tenía en su itinerario ningún concierto, hasta el otoño siguiente. Durante ese invierno y la primavera que lo siguió, pasó mucho tiempo en la soledad, deprimido y lleno de autocompasión. Hacia fines de la primavera se sintió presa de un ansia de actividad, de modo que huyó al Pacífico sur, Asia, Africa, Sudamérica... en fin, a cualquier parte con tal de huir de sí mismo y de sus recuerdos.

De algún modo, hacia mediados del verano, comenzó a recobrar el control. Volvió a Europa, y rápidamente preparó su repertorio. Ese otoño, las críticas fueron muy favorables, porque su virtuosidad y técnica eran deslumbrantes.

Por varios años continuaron sus éxitos, y el público llenaba las salas de conciertos dondequiera que actuaba. Pero llegó un día cuando ya no fue así, cuando se dio cuenta de la verdad más temida en el mundo de las actuaciones públicas: su capacidad interpretiva ya no era la misma; su ascenso se había interrumpido, y ahora comenzaba a descender. Con su carrera apenas comenzada, su estrella se estaba ocultando. ¿Por qué?

Críticos y público por igual, procuraban diagnosticar vanamente la dolencia y prescribir medicinas, pero nada daba resultado. Con frecuencia cada vez mayor, el tenor de las críticas era semejante a lo que sigue:

"Cuán triste es que Devereaux, considerado una vez la estrella ascendiente de nuestra época, digno sucesor de Horowitz, haya revelado no ser más que lodo humano común, después de todo. Es como si representara un caso de desarrollo interrumpido. Normalmente, a medida que un pianista adquiere edad, las raíces de su arte se profundizan, y el tronco y las ramas, azotados por las tormentas, adquieren fortaleza y resistencia. En el caso de Devereaux no ha sucedido así. Pareciera que su crecimiento hubiera cesado algún tiempo atrás. Desde luego, nadie lo iguala en lo referente a efectos especiales y brillo superficial, pero eventualmente uno se cansa de eso si no hay profundidad que provea un contrapeso".

Como un bateador en un período de poco rendimiento, Miguel probó muchas cosas, y estudió numerosas filosofías y misticismos con los que se encontró. Como una abeja ebria, se tambaleaba yendo de colmena a colmena sin ningún sentido de orientación.

Gradualmente, "Meditación" se había convertido en una obsesión para él. Le parecía imposible eliminaria de su mente. Decidió probarle a la ausente que uno no necesitaba ser religioso para tocarla bien. Pero por más que se esforzaba, por más que le aplicaba sus técnicas y virtuosismo, seguía tan desabrida, tan poco inspiradora como una taza de café del día anterior.

Hasta se dio el trabajo de investigar el origen de la melodía, confiando en que, como tanta otra música que tocan los concertistas, no tendría ninguna conexión religiosa. En su exploración descubrió que la "Meditación" es parte de la ópera *Thais,* de Massenet, que, según él sabia, trata de una cortesana disoluta. ¡Ajá! ¡Ya la tenía! Pero al investigar un poco más, descubrió, mortificado, que si bien era cierto que Thais había tenido un pasado sexual disoluto, a semejanza de María Magdalena fue redimida, y "Meditación" representa el *intermezzo,* el puente que la lleva de su pasado pagano que muestran los dos primeros actos, a la unidad con Dios que presenta el tercero.

De modo que en esto también debió reconocer su derrota.

En cuanto a Ginevra, nunca se hallaba muy lejos de sus pensamientos. Pero ni una sola vez le permitió su orgullo preguntar a nadie por ella, su carrera o si se había casado o no.

Mientras tanto, se limitaba a vegetar... y a medir su vida en términos de conciertos y cuartos de hotel.

———

Ginevra, por su parte, una vez que la insensibilidad y el choque se habían transformado por fin en una paz indecisa, terminó por darse cuenta de que la vida debía seguir su curso. Pero, ¿qué debía hacer con ella?

La respuesta llegó a ella durante cierta nevada de primavera, inesperada, que le impidió salir de la casa. Había estado sentada junto a la maciza chimenea de piedra, de tres pisos de altura, contemplando ensoñada las llamas, cuando de pronto sintió el deseo de escribir. Buscó una hoja de papel, tomó su pluma Pilot, y comenzó a componer un poema, cuyo tema era el dolor, la desilusión y el corazón destrozado. El día siguiente lo envió a una revista, y no mucho tiempo después, fue publicado.

Decidió estudiar cursos avanzados de humanidades y educación. Completo una maestría y más tarde un doctorado, en el transcurso de los cuales se convirtió en la mayor autoridad en lo referente a la vida y obra de una escritora famosa. Además, y en la medida en que lo permitía su itinerario lleno de actividades, continuó escribiendo poemas, ensayos, relatos breves, piezas inspiradoras y obras de ficción.

De ese modo, Ginevra se convirtió en maestra de literatura, del arte de escribir... y de la vida. Cada clase era un microcosmo de la vida; en cada una había almas que necesitaban recibir ayuda, ser apreciadas, recibir amor.

Debido a su encanto, su vivacidad, su gozo de vivir y su sentido del humor, se volvió progresivamente más popular y apreciada con el paso de los años. Atraía pretendientes como una juguetería atrae niños. Sin embargo, a pesar de que algunas de esas amistades llegaron al umbral del amor, ninguna de ellas pasó más allá. Era como si todas ellas palidecieran en comparación con lo que había quedado atrás, en Viena.

Fue la presencia del buen Señor lo que la apoyó, lo que fortaleció sus debilidades y la ayudó a reparar lo dañado. Entretanto, se las arregló para mantenerse al día en cuanto a la vida y carrera de Miguel. Obtuvo todos sus discos, y los tocaba a menudo. Al hacerlo, ella también pudo percibir una vaga insatisfacción, la falta de crecimiento, y se preguntaba cuál sería la razón.

Cierto día templado de fines de noviembre, durante el séptimo año desde el rompimiento, y mientras caminaba cerro abajo hacia su hogar, se detuvo a escuchar sus dos sonidos favoritos: las cascadas del arroyo que bajaba, juguetón, hacia la llanura, y el rumor susurrante de los pinos. Recostada contra un peñasco, contemplaba el cielo increíblemente azul de las elevaciones de Colorado.

Como siempre, sus pensamientos se negaban a permanecer en sus jaulas. Durante esos años había probado toda suerte de cerrojos, sin ningún resultado. Y ahora, cuando por fin pensaba tenerlos bien asegurados, ahí venían todos ellos, activos e inquietos como una camada de cachorros díscolos e incontrolables, felices de haber descubierto su escondite.

Y todos, hasta el último de ellos, ladraban el nombre de Miguel.

Un pensamiento molesto persistía en surgir en su corazón. ¿Qué había hecho ella, siquiera una sola vez, para mostrarle a Miguel un camino mejor?

"Es que no quiero —se dijo, como otras veces— que se haga cristiano sólo por mí". Pero esta vez la disculpa no la satisfizo. El rostro severo de su juez interior continuaba apareciendo ante su vista. Durante el prologado silencio que se desarrolló a continuación, germinó un plan de acción. Si daba resultado, si él respondía como ella esperaba que lo hiciera... tarde o temprano ella lo llegaría a saber. Indefectiblemente, el secreto se revelaría a través de su música.

Decidió implementar ese mismo día su plan de acción.

———

Unas cuantas semanas despúes de la decisión de Ginevra, Miguel volvía a su hotel después de un concierto particularmente descorazonador... y parecía que en esos días casi no los había de otra clase. Hasta la concurrencia había sido menor de lo que recordaba haber visto en varios años. Estaba convencido de que su carrera y su vida eran un fracaso, y que no había muchas razones para seguir viviendo. Se acostó e hizo un vano intento por dormir. Tras una o dos horas de inquietud creciente, se levantó, encendió la luz, y buscó el paquete de correspondencia más reciente que le enviara su agente. Allí encontró algo que lo intrigó. ¡Ah, sí, ahí estaba!

Un pequeño paquete certificado había llegado por vía aérea desde Nueva York. No tenía remitente, y la letra del envoltorio no le resultó conocida. En su interior había un delgado tomo, evidentemente ya fuera de impresión, titulado *The Other Wise Man* [El otro mago], escrito por un autor cuyo nombre no había oído antes: Henry Van Dyke. Bien, parecía una lectura corta, y de todos modos, no tenía sueño...

La lectura no le resultó tan corta; tuvo que releer unos cuantos pasajes. Eran más de las 3 de la mañana cuando lo dejó. Esta vez se durmió por fin.

Durante esa temporada de Navidad lo releyó dos veces más, y cada vez que lo hacía se preguntaba qué habría motivado a esa persona desconocida para que se lo enviara.

Tres meses más tarde llegó de Nueva York otro paquete certificado. Era evidente que también se trataba de un libro, y para su satisfacción, de una obra antigua. Con gran alivio comprobó que no trataba de religión; Dios y la religión le provocaban intensa desazón. Ni el autor ni el título le resultaron conocidos: *The Master's Violin* [El violín del maestro], por Myrtle Reed. El exquisito laminado metálico de esa primera edición de comienzos de siglo lo dejó literalmente sin aliento. ¡*Alguien* había gastado una cantidad no despreciable de dinero en ese regalo! Esa noche lo leyó, y le pareció en cierto modo que el gozo y el dolor que experimentara vicariamente a través de la lectura eran un reflejo de sus propios sentimientos. ¡Y el violín! Le recordó una melodía, esos acordes que representaban el punto culminante de su vida.

Era mediados de junio, tres meses más tarde, cuando llegó de Nueva York el siguiente envío certificado. Esta vez sus manos temblaban mientras abría el envoltorio. Otro libro por otro autor que nunca había oído mencionar: Harold Bell Wright. El título era un tanto extraño: *That Printer of Udel's* [Ese impresor de Udel]. Pero era antiguo, y tenía una cubierta guarnecida; la combinación era irresistible. Dejó todo lo demás de lado y comenzó a leer.

No le fue posible dejar el libro de lado. En él halló una descripción de la vida cristiana distinta de todo lo que había conocido antes; un estilo de vida que no surgía a partir de doctrinas estériles, sino del anhelo vivo y amoroso de alcanzar al prójimo. Muy tarde esa noche, terminó el libro. Un mes más tarde, lo volvió a leer.

Al acercarse el fin de septiembre, Miguel se puso a vigilar su correspondencia con gran atención. ¿Qué le traería esta vez? Por fin llegó, otro libro, publicado por primera vez en 1907, por el mismo autor de la obra anterior, con el curioso título de *The calling of Dan Matthews* [El llamado de Dan Matthews]. Le causó el mismo impacto que su predecesor.

Sin embargo, Miguel no era un individuo fácil de convencer. Continuó reservándose la opinión; de ningún modo estaba dispuesto a pronunciar un veredicto.

A principios de diciempre le llegó su segundo Van Dyke: *The Mansion* [La mansión], una hermosa edición ilustrada, con tapas color verde lima. Ese libro hizo surgir en su ánimo ciertas preguntas sumamente inquietantes acerca de sus motivaciones íntimas. ¿Qué valor tenía, a fin de cuentas, su vida? ¿Cuándo había sido la última vez que había hecho algo por un semejante sin esperar nada a cambio? ¡Para ser un libro tan pequeño, ciertamente contenía preguntas bien difíciles de responder!

Marzo le trajo un libro que a menudo había pensado en leer, pero que hasta entonces no había tenido la temeridad de atacar: El formidable volumen de *Los miserables,* de Víctor Hugo. ¡Casi mil quinientas páginas, en la versión completa! *¿Por qué? se* preguntó. ¿Por qué, después del tipo de lectura que se le había enviado antes, ahora se le sugería ese clásico de la literatura?

No necesitó mucho tiempo para dar con la respuesta. La historia de Jean Valjean era una historia de redención, el caso de un hombre que escapó del infierno, el primer símbolo de Cristo que hubiera visto en la literatura francesa. Para entonces, Miguel había comenzado a buscar caracteres ficticios que exhibieran, en cierto modo, valores cristianos.

Al final del libro había una breve nota: "No habrá otro libro durante seis meses. Tiempo de revisar lo leído".

Así lo hizo... pero se sintió terriblemente maltratado, y en junio con mucha pena echó de menos el envío.

Para el tiempo cuando comenzaron a caer las hojas, en septiembre, Miguel se sentía consumido por un anhelo irresistible. ¡Ciertamente que, después de *Los miserables,* y después de haber tenido que esperar medio año, lo que llegara tendría que ser algo fuera de serie! Para su asombro y disgusto, era un delgado librito de tapas de cartulina, vulgarmente producido, con el poco atractivo título de *Mere Christianity* [Sólo cristianismo]. Había oído el nombre del autor, pero nunca lo había leído: C. S. Lewis.

Controlando con gran dificultad sus sentimientos negativos, probó cautelosamente el "río Jordán" de Lewis, sumergiendo primeiro —en sentido figurado— nada más que los dedos de sus pies. Pero al avanzar un poco más, se sintió literalmente arrastrado por la corriente. Cada argumento que alguna vez hubiera erigido como barrera entre él y Dios, fue demolido, en forma completa y sistemática. No le parecía posible que Dios y el cristianismo fueran otra cosa que una amalgama de sentimientos. Pero ahora, por primera vez, pudo conceptualizar a Dios en su *mente.*

Quienquiera fuese la persona que le estaba mandando los libros, se sentía arrepentida de haberlo hecho esperar tanto... ¡o bien quería castigarlo, literalmente sepultándolo en papel y tinta! Se le concedieron, bondadosamente, dos semanas para digerir *Mere Christianity,* y luego comenzó una andanada dirigida a su alma. Primero, tres cañonazos, uno tras otro: la Trilogía Espacial de Lewis, *Out of that Silent Planet* [Fuera de ese planeta silencioso], *Perelandra* y *That Hideous Strength* [Esa horrible fortaleza]. En el primer momento, Miguel, como tantos otros lectores de los libros, gozaba con la historia sólo al nivel de la ciencia ficción, pero pronto se dio cuenta de que Lewis lo había hecho caer en una trampa: ¡Entretejido en el relato estaba Dios y su plan de salvación!

A la trilogía la siguió *The Screwtape Letters* [Las cartas de Screwtape], de Lewis. ¡Cuánto gozó Miguel al leer esa obra! ¡Cuán increíblemente astuto es el Gran Antagonista! Y cuán sagaz Lewis había sido al invertir los papeles con el fin de sacudir sus simplistas suposiciones acerca de las batallas entre el bien y el mal.

Una semana después, otra granada: *The Four Loves* [Los cuatro amores]. En ella, Miguel se halló evaluando por segunda vez casi todas las relaciones de amistad de su vida. Ese fue sólo el comienzo. Más adelante, Lewis lo desafió a explorar la posibilidad de trabar amistad con el Eterno.

Dos tiros hicieron blanco en sucesión: *Surprised by Joy* [Sorprendido por el gozo] y *A Grief Observed* [Observancia de un dolor]. Por fin podría aprender algo más acerca de Lewis como persona. No sólo eso, sino también acerca de cómo hizo Lewis, que gozó del amor nupcial tan tardíamente en su vida, para soportar la muerte prematura de su esposa. ¡En su terrible dolor, Lewis casi erró el rumbo, casi se apartó del mismo Dios! Había cierto paralelo entre la terrible pérdida que sufrió Lewis de su amada, y la pérdida de Ginevra que experimentó Miguel. Al revivirla una vez más, sintió que su intensidad era insoportable. Aun mayor que la de Lewis, puesto que Miguel no tenía al Dios de Lewis como refugio en sus horas tenebrosas.

Las últimas siete bombas cayeron en la forma de lo que a primera vista parecía ser una serie de libros para niños: las *Chronicles of Narnia* [Crónicas de Narnia]. Miguel necesitó cierto tiempo para darse cuenta de por qué se le había enviado esta serie, después de las otras obras de "peso pesado", por así decirlo. Recién como a la mitad se dio cuenta. Para entonces, se había dado plena cuenta de cuán poderosa manifestación de los atributos de Cristo constituía Aslan, el león. Cuando llegó a la conmovedora conclusión de *The Last Battle* [La última batalla], las 15 descargas del howitzer de Lewis habían reducido a escombros las defensas de Miguel.

El próximo envío contenía una hermosa edición de la *Phillips Translation of the New Testament* [Traducción del Nuevo Testamento según Phillips]. En la primera hoja, en nítida caligrafía con tinta negra, se leía esta línea: "Que este libro ayude a que este nuevo año sea verdaderamente nuevo para usted".

Leyó el Nuevo Testamento con una actitud receptiva, y le llevó un mes completarlo. Cierta mañana, tras haber dado un concierto en Florencia, se levantó muy temprano y caminó hasta el río Arno para contemplar la salida del sol. Allí, apoyado contra un poste de luz, sus pensamientos hicieron una revisión de los últimos tres años.

Tardíamente, Miguel estaba en proceso de descubrir que la vida sin Dios simplemente no vale la pena. De hecho, *nada* —concluyó ahora— tenía significado si se hallaba divorciado de un poder superior. Mentalmente, evaluó la vida de sus familiares, sus amigos y sus colegas del mundo musical. Notó las devastadoras estadísticas de divorcio, los hogares destrozados, y las ruinas de soledad y desesperación. Sin Dios, ninguna relación humana puede durar mucho tiempo.

Sin embargo, a pesar de que se hallaba plenamente convencido —en teoría— de que Dios representaba la única forma de escapar de su existencia sin horizontes, aun se resistía a cruzar la línea divisoria entre las Tinieblas y la Luz.

El día antes que terminara la Semana Santa de ese décimo año, llegó otro libro, una lujosa primera edición inglesa de los poemas de Francis Thompson. Adentro, en la contratapa, había esta coda a su anónima amistad:

> Querido Miguel,
> Durante casi tres años
> usted nunca se ha apartado
> de mis pensamientos y oraciones.
> Es mi esperanza que estos libros
> hayan llegado a significar para usted
> lo que significan para mí.
> Este es el último libro.
> Le ruego que lea "The Hound from Heaven"
>   [el Sabueso Celestial].
> El resto dependerá de usted.
>
>   Alguien que lo aprecia

Inmediatamente se puso a leer el largo poema, y se sumergió en las estrofas de Thompson. Si bien algunas de las palabras eran un tanto anticuadas y sonaban fuera de lugar, sintió que esas líneas habían sido escritas —con la precisión de un rayo láser— directamente para él, especialmente las correspondientes a la conmovedora conclusión, puesto que Miguel se identificó plenamente con la descripción que hace Thompson de su propia épica huida del Sabueso celestial que lo perseguía:

> ¿A quién hallarás que te ame, innoble ser?
>   Tan sólo a Mí, tan sólo a Mí.
> Todo lo que a ti quité, no fue
>   por mal hacerte,
> Sino porque lo buscaras en mis brazos.
>   Todo cuanto en infantil error

Crees perdido, te espera en el hogar.
¡Levántate, afírmate en mi mano, y ven!

Esas palabras quebrantaron su corazón, y cayó de rodillas.

———

Al otro día, Miguel se despertó en el primer Domingo de Resurrección del resto de su vida. Sintiendo una gran necesidad de estar solo, decidió dirigirse al chalet de la familia, cerca del Monte Blanco. ¡Qué suerte, pensó, que el resto de la familia se hubiera ido a esquiar a St. Moritz esa semana!

Dos horas antes de que llegara, comenzó a nevar, pero su Porsche, que había nacido durante un frígido invierno alemán, zumbaba de alegría mientras devoraba la carretera rumbo a Chamonix. Cuando llegó al chalet la borrasca había arreciado; al llegar, Jacques y Marie, los cuidadores, le dieron la bienvenida, felices de verlo.

El desayuno se lo sirvieron junto a una rugiente fogata, en la enorme chimenea alpina. Después, plenamente satisfecho, se reclinó en su silla favorita para gozar contemplando cómo caía la nieve.

Finalmente, llegó a la conclusión de que se sentía como si en algún momento de la noche hubiera vuelto a nacer. Era como si durante toda su vida hubiera estado llevando una pesadísima mochila, en la cual cada 1° de enero, y desde que tenía memoria, algún cruel capataz añadiera un ladrillo más a su carga. ¡Y ahora, de pronto, estaba *libre*! Cuán paradójica revelación era ésa, que el por tanto tiempo temido acto de rendirse a Dios no hubiera resultado en cadenas de esclavitud, ¡sino en la más eufórica e increíble libertad que se pudiera imaginar!

Al echar una mirada retrospectiva a su vida, ahora reconocía que había estado luchando contra Dios a cada paso del camino. Pero Dios, rehusando abandonarlo, simplemente había mantenido su distancia. Miguel abrió su valija, sacó su preciado libro de poemas, volvió a su asiento junto al fuego, y buscó nuevamente la primera estrofa, que lo fascinaba:

> De El huí, por las noches y los días;
> De El huí, por los arcos de los años;
> De El huí, por los laberintos
> De mi mente; en medio de mis lágrimas
> Me oculté, y bajo la cortina de mi risa.
> Subí raudo a cumbres de esperanza;
> Y huí, precipitado
> A titánicos abismos de temor avergonzado,
> De esos Pies que incansables me seguían.
> Pero cual cazador, mesurado,
> En paz imperturbable,
> Con ritmo deliberado y magnífica insistencia,
> Sonaban... y una Voz también sonaba
> Más urgente que los Pies...
> "¡Todo te traiciona, si me eres desleal!"

Dejó de leer, con su vista borrosa de lágrimas. "¡Cuántos años he perdido!", suspiró.

Años durante los cuales el ritmo frenético de su vida hizo que el Sabueso Perseguidor se distanciara, tristemente. Años en los cuales él exhibía su orgullo, llevando la corona de baratija de la popularidad. Y por fin, hasta ese débil y efímero retazo le había sido quitado, comenzando entonces el largo descenso al abismo. Y había sido en su hora más negra, cuando sentía que sobre él se cernía una noche sin fin, que había escuchado nuevamente, claros y cercanos, los pasos de su Perseguidor.

Por casi tres años, su Perseguidor se había estado acercando. Una extraña síntesis había ocurrido: la Voz que le habló a Artabán en el terremoto de la Crucifixión; el Poder que desafiaba al Aliado en la historia de Dan Matthews; la Fuerza revelada a través de las cuerdas vibrantes de "mi Cremona"; la Presencia que, por medio del acto de increíble perdón y compasión del Obispo, salvó la vida cautiva de Jean Valjean; el Angel que le mostró a John Weightman su miserable mansión; Malacandra, de la historia de Perelandra y Aslan de la serie de Narnia. A medida que leía el poema del Sabueso Celestial, todos esos elementos perdieron su individualidad y se fundieron en uno solo: ¡el Sabueso perseguidor!

Miguel vibraba con un extraño poder que nunca antes había experimentado. Parecía como si durante la noche, en su muy dañada planta generadora de energía (que durante años había perdido un generador tras otro, hasta que apenas lograba producir el mínimo) se hubiera instalado una nueva turbina capaz de iluminar el mundo entero.

Luego, desde muy atrás (aun antes de su descenso al infierno), dos imágenes surgieron de las brumas del pasado, una visual y la otra, auditiva: el rostro bañado en lágrimas de su Unica Amada, y las notas vibrantes de "Meditación".

Con un estremecimiento de anticipación, se incorporó y caminó hasta el piano de cola que siempre se mantenía disponible para sus prácticas. Levantó la cubierta, se acomodó en el asiento, y elevó su vista. Humildemente, hizo la pregunta: "Señor, ¿estaré listo, por fin?"

Puso sus manos en posición, y comenzó a tocar. A medida que sus dedos recorrían el teclado, sucedió algo más: por primera vez en más de nueve años pudo tocar sin música cada nota de la melodía que Ginevra y él habían escuchado en la lejana torre de Votivkirche. No sólo eso; ¡también había desaparecido la esterilidad! La energía que había surgido en su interior vibraba ahora en sus manos y sus dedos.

¡Por fin estaba listo!

———

Miguel desechó inmediatamente el repertorio de la temporada otoñal de conciertos, que había escogido simplemente por ser de brillante ejecución, y lo reemplazó por un nuevo menú musical. Con todo cuidado, como un *chef* experto prepara un banquete para la realeza, seleccionó los componentes individuales. De hecho, se esforzó en el proceso, porque cada ingrediente no sólo debía combinar con los demás, sino también contribuir al todo, aumentando gradualmente en un *crescendo* que anunciara una visión musical de su nueva vida.

Mucho más complicado fue el problema de su próximo disco. ¿Cómo podría detener el proceso a una fecha tan tardía? No fue de extrañar que, cuando se reunió con los representantes de Polygram y dejó caer la bomba, éstos se pusieran furiosos. Le costó gran esfuerzo calmarlos, y para lograrlo debió usar un argumento que no los dejó en absoluto convencidos: El reemplazo, les dijo, sería tanto mejor, que se verían ampliamente recompensados por los gastos adicionales de producción.

Salió de las oficinas muy humilde. Si todavía le hubieran quedado ilusiones acerca del lugar que todavía ocupaba en el mundo musical, ese encuentro se las habría disipado gráficamente. Si el nuevo disco no se vendía bien, era casi seguro que lo eliminarían de la lista de sus artistas exclusivos.

En preparación para su grabación de prueba, memorizó todas las selecciones. De ese modo, podría concederle toda su atención al proceso de ejecución. Tan sólo después que estuvo plenamente satisfecho con los resultados, lo hizo grabar y lo envió por medio de su agente a la compañía Polygram.

No tuvo que esperar mucho tiempo. Apenas unos minutos después que hubieron escuchado la grabación piloto, el mismo presidente llamó por teléfono a Miguel. Hacía años que se conocían, y Miguel sabía que el hombre podía demostrar una voluntad de acero. Reconociendo claramente que tanto él como su compañía dependían de lo que mostrara el balance de cuentas de fin de año, estaba acostumbrado a hacer decisiones por las razones más pragmáticas imaginables. Los artistas le temían, porque decía la verdad sin adornos ni reservas... Y ahora, estaba en la línea.

Al comienzo casi mudo, el presidente se recobró finalmente y preguntó: "Miguel, ¿qué ha pasado? Hace varios años que tus grabaciones han parecido —perdona mi candidez, pero ya me conoces— un tanto metálicas, artificiales, a veces sin entusiasmo, y hasta... un poco... bueno... por falta de un término más apropiado, irritables; algo así como si te sintieras molesto de tener que mover los dedos, y carecieras de un propósito... Ahora, en cambio, nos mandas esta grabación que suena como si una mañana cualquiera te hubieras despertado habiendo decidido asumir el control de tu vida y tu carrera, sintiendo que hay formas nuevas y deslumbradoras de interpretar la música... con energía, con belleza... ¡y permíteme añadir, Miguel, que con una promesa de profundidad y madurez que, para serte franco, ya no creíamos que fueras capaz de producir! *¿Qué ha sucedido?*"

———

Ese verano increíble transcurrió en un torbellino de actividad. Habiéndose terminado por fin el largo descenso, la creciente marea de energía que comenzaba a inundar la vida de Miguel se desbordó por las playas del mundo musical. El personal de la compañía se esforzó trabajando largas horas para procesar, lanzar al mercado y luego promover esa grabación, que creían firmemente que sería la más significativa de su carrera. Aun antes de terminar el proyecto, ya comenzaron a surgir rumores; en consecuencia, cuando el nuevo disco apareció en las tiendas, provocó una estampida entre los aficionados. Todo eso se tradujo en mucho interés y entusiasmo por sus conciertos otoñales. Temprano en agosto, antes que saliera el disco a la venta, Miguel telefoneó a su agente de Nueva York, quien apenas podía contener su entusiasmo por el alud de nuevos compromisos que se les había venido encima con motivo de la gira por los Estados Unidos que tendría lugar en la primavera del año siguiente. Miguel, después de hacerlo jurar que guardaría el secreto, le dijo que le iba a confiar el mayor encargo de su larga asociación, y que si lo echaba a perder, resultaría en daños irremediables. El agente le prometió lo pedido.

Miguel quería que hiciera tres cosas: Trazar el paradero de cierta dama (cuidándose mucho de asegurarse de que la dama en cuestión no se diera cuenta de la búsqueda); descubrir si la dama se había casado; y procesar un envío por correo, cuyo contenido debía ajustarse según si la dama se había casado o no.

———

Mientras tanto, Ginevra esperaba. El hacerlo le resultaba sumamente difícil, puesto que su nivel de frustración había ido aumentando durante casi tres años. ¿Cuándo sabría el resultado?

Antes que se cumpliera un año de haberle enviado el primer libro, se sintió razonablemente confiada en suponer que él estaba leyendo el material que ella le enviaba (basada en parte en el hecho de que nada le había sido devuelto). Pero tenía muy pocos datos que le sirvieran de base para sus suposiciones. Durante el segundo año, obtuvo de aquí y allá pequeños destellos de información referentes a un posible cambio en Devereaux. Nada muy significativo, en realidad, pero lo suficiente como para que mantuviera la esperanza.

Esa mañana memorable cuando envió los poemas de Thompson, se había arrodillado junto a su lecho. En súplica que le brotaba del corazón, le recordó a Dios que con ese libro, había hecho todo lo que estaba en su poder. El resto le correspondía a él. Después manejó cerro abajo hasta la oficina de correos de Boulder, envió el paquete a su despachador de Nueva York, y volvió a casa, a esperar.

Pasaron varios meses hasta que comenzó a surgir en el mundo musical un entusiasmo creciente por las actuaciones de Devereaux. Su corazón repicó en ritmo de *"allegro"* el día cuando oyó por primera vez referencias al entusiasmo creciente que había despertado el nuevo disco de Miguel. Anhelaba obtener un ejemplar.

Entonces llegó el día cuando descubrió en su buzón un papelito amarillo indicando que en el correo la esperaba un envío certificado. El envío resultó ser un gran paquete proveniente de una fuente desconocida, ubicada en Nueva York.

Para abrirlo, esperó hasta llegar a la casa. Al principio, se sintió casi segura de que alguno de su ex alumnos le había querido hacer una broma, puesto que el paquete era demasiado liviano para su tamaño. Pero rápidamente descubrió la razón; estaba relleno de papel muy apretado. Casi cubrió de papel el piso del cuarto antes de poder sacar, del mismo fondo del paquete, una caja de extraña forma. ¿Qué podría ser? ¿Y quién la enviaría?

En la caja pequeña, evidentemente empacados con gran cuidado, había tres objetos, cada uno protegido de los otros por un separador de cartón: una rosa roja, perfecta, en un envase a prueba de humedad, el nuevo disco Deutsche Grammophon de Miguel, y un programa de concierto que decía:

MIGUEL DEVEREAUX
PRIMER CONCIERTO DE NAVIDAD
TEATRO DE LA OPERA DE VIENA

...seguido por la fecha y hora exacta, y una lista de las selecciones.

———

Temiendo que alguno de los asistentes que estaban de pie le ocupara el asiento, durante el entusiasta aplauso que siguió al "Concierto Italiano" de Bach, Ginevra le pidió a un ujier que la escoltara a su asiento en la tercera fila. Miguel, que se había vuelto hacia el público para agradecer el aplauso, captó el movimiento, la bella mujer que se adelantaba por el pasillo... adornada con una rosa de color fuego. Aun en Viena, ciudad conocida por sus bellas mujeres, la dama ofrecía un aspecto de ensueño.

Cuán agradecido estaba a los asistentes por la prolongada ovación, ya que eso le daba tiempo —un tiempo muy precioso— para restaurar su equilibrio, fuertemente afectado. Qué extraño —musitó Miguel—, que durante años su sueño más acariciado y su peor pesadilla hubieran sido una y la misma cosa: que Ginevra se apareciera en uno de sus conciertos. La pesadilla se debía a su profundo temor de que la presencia de ella entre el público le destruyera inevitablemente la concentración, y con ella, todo el recital. ¡Y ahora, allí estaba! Si alguna vez había necesitado un poder superior, era entonces. Brevemente, inclinó la cabeza. Cuando la volvió a levantar, sintió otra vez la nueva sensación de serenidad, paz y control.

Dejando el mundo barroco de Bach, pasó a César Franck; por tratarse de un compositor de música romántica, pero con conexiones barrocas, le parecía a Miguel que era el puente perfecto para pasar de Bach a Martin y Prokofiev. Al comenzar a interpretar el "Preludio: Coral y Fuga" de Franck, se dedicó a hacer de la ocasión el mejor concierto de su carrera. A veces les había envidiado a los grandes músicos la convicción que expresaban, de que para ellos el concierto más grande siempre era el próximo. Nunca se permitían descansar sobre sus laureles. Sólo en esta temporada se había unido a los grandes maestros, reconociendo tardíamente que el mejor agradecimiento que le pudiera ofrecer a su Creador sería expandir sus poderes hasta el límite, cada vez que actuara, no importaba cuán grande o cuán pequeño fuera el público asistente.

Los oyentes que llenaban la Casa de la Opera rápidamente reconocieron el cambio asombroso de actitud. La última vez que había actuado allí, los críticos —cruel pero verazmente— lo habían declarado fracasado. Tan hambriento de recibir cualquier clase de reconocimiento había llegado a estar, que se rebajaba a pedirlo de los escasos asistentes. Era un espectáculo verdaderamente patético verlo acercarse al borde de la plataforma como un cachorro maltratado, temeroso de que lo volvieran a golpear. No era sorprendente que recibiera lo que, aparentemente, esperaba.

Ahora, en cambio, no había duda en cuanto a quién controlaba la situación. Exactamente a tiempo, aparecía en el proscenio con paso firme y determinado, con una placentera expresión en su rostro, y se inclinaba con elegancia y distinción. Entre una parte y otra, a menudo se mudaba su traje, lo cual proveía un estímulo visual adicional para los asistentes. Su vestimenta era siempre impecable; bien limpia y bien planchada, no era ni exagerada ni inadecuada para la ocasión.

Pero lo dicho no quiere decir que fuera orgulloso. Por el contrario, reconocía cuán frágil es la línea que separa el éxito del fracaso, y cuán terriblemente difícil es mantenerse en la cumbre una vez que se llega allí. Tampoco siguió humillándose servilmente o tratando de obtener la aprobación de las galerías. La actitud que ahora proyectaba era, simplemente: "Estoy sumamente complacido que me hayan honrado con su compañía esta noche. Me he preparado cuidadosa y asiduamente para esta ocasión; en consecuencia, mi intención y expectativa es que compartamos la mejor hora y media musical de nuestras vidas".

Ginevra sintió que pasaba a formar parte de una isla en el tiempo, viviente y palpitante. Cada concierto bien ejecutado es eso: un momento mágico durante el cual la vida que nos rodea cesa de existir por el momento. La gran música es, después de todo, independiente del tiempo, y no está sujeta a sus reglamentos. De ese modo, Ginevra, al igual que el público vienés, perdió todo sentido de identidad, ya que la interpretación de Devereaux pasó a ser la única realidad que percibían en esos momentos.

Lo que escuchaban no eran notas que le fuesen arrancadas a un piano renuente: era un eco de la vida misma, con todas sus frustraciones y complejidades.

Con tanto poder y convicción habló César Franck desde la tumba, que al fin de la primera parte el público aplaudió durante tres minutos. De hecho, haciendo caso omiso del protocolo de la Casa de la Opera, una cantidad de miembros jóvenes del público invadieron el proscenio y rodearon a Miguel antes que se pudiera retirar. El nuevo Miguel se detuvo y, con agradable expresión en su rostro, autografió cada programa que le fue entregado. Más aún; cuando uno de esos cazadores de autógrafos, con el rostro lleno de júbilo, volvió a su asiento en la tercera fila, Ginevra lo vio mostrarles a sus padres el programa, lleno de orgullo. ¡Miguel se había tomado el trabajo de preguntar el nombre de cada persona, para hacerles a todos una dedicatoria personal!

El traje de etiqueta de Miguel estaba empapado. En cuanto al brillante Bosendorfer negro, Miguel lo había atacado con tal energía sobrehumana, que pedía a gritos las ministraciones calmantes de un afinador; de modo que lo retiraron para darle un merecido descanso. En su lugar colocaron al monarca de los pianos Steinway de concierto de la ciudad. Miguel había pedido específicamente esos tres metros de historia. Nadie sabía de seguro qué edad tenía, pero durante años había sido el orgullo y gozo de Horowitz. Cuando Rubinstein visitaba Viena, no quería tocar en ningún otro piano, y se rumoreaba que aun el gran Paderewski había tocado en él.

———

Sólo tras mucha meditación había decidido Miguel comenzar la segunda mitad de su concierto con los "Ocho Preludios" del compositor suizo Frank Martin. Por mucho tiempo había apreciado la refrescante actitud que Martin exhibía hacia la música, sus líricas eufonías. A Miguel, Martin le recordaba el compositor estadounidense Howard Hanson, de modo que siempre le era difícil elegir a cuál de los dos incluir en sus repertorios. Esta vez, le tocaba a Martin.

Cada vez más seguro de sí mismo, Miguel adquiría cada vez más poder mientras repetía la historia de Martin; para cuando hubo terminado los Preludios, Viena era suya. Los aplausos ensordecedores no disminuían; parecía que nadie quisiera volverse a sentar.

Por fin se restauró el orden en el teatro. Fue puesto un micrófono, y Miguel se acercó para hablar.

"Damas y caballeros —comenzó—, hoy he decidido hacer una substitución en el programa. Como ustedes saben, mi número final debía ser la Sonata No. 6 en La mayor, Opus 82 de Prokofiev. Espero que no se sientan *demasiado* decepcionados si les ofrezco en su lugar una pieza que yo mismo he compuesto, la cual nunca ha sido tocada en público".

Hizo una pausa, luego continuó: "Esta pieza musical nació hace diez años, en esta bella ciudad. Pero no estuvo completa sino hasta fines de la primavera pasada; la he estado guardando para esta noche". Y aquí se atrevió a dirigirle una mirada a Ginevra.

"El título es... 'Variaciones sobre un tema de Massenet'".

———

En toda la experiencia de composición de Miguel, nada había sido más difícil que decidir qué hacer con "Meditación". Y las dificultades no se desvanecieron con su conversión. Todavía tenía que hacer algunas decisiones muy difíciles: Sus variaciones, ¿serían solamente excursiones creativas a partir de esa base melódica? Si tomaba ese camino, él sabía que podría deslumbrar a sus oyentes. ¿O deberían las variaciones limitarse a ofrecer una prueba musical de que ahora él y su Creador eran amigos? Ninguna de las alternativas lo satisfacía.

De todas las epifanías que había experimentado, ninguna podía compararse con la que nació en su mente una mañana gloriosa de primavera en la cual toda la creación parecía hallarse en armonía con su Creador. En esa ocasión se dio cuenta de que podía crear un contrapunto a lo que Massenet había hecho con el intermezzo de "Meditación", una fusión del amor divino con el terrenal. Tardíamente, reconoció una gran verdad: Dios no viene a nosotros en abstracciones; en cambio, se acerca a través de la carne y la sangre. Al comienzo, no llegamos a amar a Dios como un concepto; más bien, primeramente amamos a seres humanos cuyas vidas irradian amistad con lo divino. Sólo después podemos buscar a Dios por cuenta propia.

Ginevra era uno de esos seres humanos; por eso él se había enamorado de ella. Y en su mente casi no le cabía ninguna duda de que ella hubiera coreografiado su conversión. No conocía a nadie más que hubiera tenido suficiente interés como para instituir y ejecutar un plan de acción tan perfecto. Además, algunos de los libros que había elegido eran muy sospechosos.

Miguel también se había dado cuenta de algo que—tarde o temprano— todo verdadero artista llega a reconocer: toda obra maestra debe surgir del interior, de su experiencia personal. Para que sus variaciones estuvieran imbuidas de un poder semejante al original, tendrían necesariamente que emanar de los goces y tristezas que habían hecho de él lo que era... y por cuanto ella y Dios se hallaban inextricablemente entretejidos en el tapiz multicolor de la vida de Miguel, tendrían que permanecer entretejidos a través de toda la composición.

No sería aceptable que ella se distanciara y pretendiera ser capaz de juzgar desapasionadamente lo que él había llegado a ser. No, Ginevra debía entrar en el mundo que él había compuesto... y decidir al otro extremo si quería o no quedar allí.

———

En la mente de Ginevra, todo parecía tener su raíz en esa fría noche en la torre de Votivkirche, porque allí habia sido que dos vidas, a pocas horas de la unificación, habían visto cómo la trama de sus individualidades en proceso de combinarse, se había deshecho en sólo unos segundos.

Por otra parte, además de la actitud de Miguel hacia Dios, y más allá de su realismo en contraste con el romanticismo de ella, había otros elementos que los separaban. Ese lejano intercambio de palabras le había hecho ver la existencia de ciertos problemas que, si se los dejaba sin resolver, impedirían el matrimonio aunque Miguel hubiera experimentado la conversión. A ver, ¿cómo podría ella conceptualizarlos?

Básicamente, todo se resumía en unos cuantos hechos: Miguel se había reído de sus sentimientos más profundos y los había ridiculizado. Había tomado sus lágrimas livianamente, y mostrado una completa ausencia de comprensión. Peor aún, exhibía claramente un grado perceptible de falta de *bondad*, que es el rasgo de carácter más importante de todos. Además, desde que ella lo había conocido, nunca lo había oído admitir de modo alguno estar equivocado... y para complicar el problema, había rehusado revelarle a ella su verdadera identidad. A medio camino de su corazón había una puerta cerrada; y a mitad de camino hacia su alma, había otra. Hasta donde ella supiera, ambas puertas todavía estaban cerradas. Pero si alguna vez habían de abrirse... "Meditación" seria su llave.

———

"Finale"

Con un *pianissimo* suave como terciopelo, Miguel comienza a tocar. Tan suavemente que pareciera que entre una y otra nota no hubiera separación, sino una madeja melódica sin fin. Y, por primera vez en la carrera de Miguel, se advierte una fluida unidad entre él y el instrumento, de modo que pareciera imposible determinar dónde terminan la carne, la sangre y el aliento, y dónde comienzan la madera, el marfil y el metal.

A Ginevra no le es posible dominar la tensión, a pesar de los dedos que, ágiles y precisos, entretejen ensueños a su alrededor.

En lo profundo de su ser, sabe que lo que ocurra durante la ejecución de esta pieza musical tendrá un profundo efecto sobre el resto de su vida... y la de Miguel.

Pero no había viajado ocho mil kilómetros sólo para actuar como un crítico o un árbitro. Si alguna vez sus respectivos mundos habían de unirse, ella tendría que abandonar su posición segura entre el público, y pasar a integrar el mundo de la composición de Miguel. Cosa extraña —y prueba viviente de que a menudo los aspectos más significativos de la vida son los que parecen pequeños—, la exhibición de bondad de parte de Miguel para los jóvenes que le impidieron la salida durante el entreacto la predispuso marcadamente a su favor.

Cuán hermosos fluyen sus arpegios, en cascadas tan serenas como arroyuelos de los Alpes que bajaran cantarines hacia la llanura. Toda la naturaleza parece estar en paz. A medida que Miguel ejecuta, ella puede imaginar los cantos de las aves al despertar, la lluvia que cae y la nieve que se desliza, el susurro de sus pinos amados, y la jornada sin fin de los astros. El mundo es un lugar bello... y en el aire se respira amor.

De pronto, se sobresalta. Ciertamente, son campanas lo que oye. Si, campanas de Navidad, que llenan el Universo de gozo. Ella escucha atentamente el repicar que aumenta cada vez más... ¡y entonces, *ese tema*! Comienza a mezclarse con las campanas, pero sólo por un instante. En medio de su desarrollo, hay un cambio ominoso, de mayor a menor, y de armonía a disonancia. ¡Y las campanas! En ese mismo momento, cesa el clamor de alegría y surge en reemplazo un triste tañido. Cuán misteriosamente perfecta es la manera en que Miguel capturó ese momento cuando todo el gozo de su mundo se transformó en amargura.

La disonancia y el tañer de campanas se desvanecen eventualmente, y son reemplazados por un popurrí de música clásica. Aquí y allá reconoce trozos de temas bien conocidos, algunos de ellos de conciertos para piano. Pero las notas suenan cortadas e indiferentes, como si al pianista no le importara cómo sonaran, con tal de tocarlas en tiempo récord. Varias veces, el Tema trata de introducirse... pero cada vez es rechazado con rudeza.

Ahora, la sinfonía "Nuevo Mundo", de Dvorak, irrumpe en escena. ¡Ajá! ¡Por fin, algo de resolución, alguna afirmación! Pero, no es así; rápidamente se hace evidente que este cántico de loor a un mundo nuevo se halla en retirada en vez de avanzar hacia el triunfo. Le parece casi como un "Bolero" retrógrado, cuyo tema disminuyera progresivamente en poder en vez de aumentar. Una vez más, "Meditación" procura entrar; una vez más se le niega el paso sin ceremonias.

A estas alturas Ginevra puede descifrar muy bien el código musical de Miguel; su deterioro progresivo como persona y como pianista queda vívidamente revelado. Desde el momento en la catedral, cuando las campanas comenzaron a doblar, cada variación siguiente ha estado conectada con las etapas de su caída.

De pronto, se amontona el nublado, se oyen truenos en el oriente, los relámpagos surcan el cielo, y cae la lluvia a torrentes. La oscuridad lo llena todo, y con ella se manifiestan todas las fuerzas infernales que andan sueltas en este turbulento planeta. Ginevra se estremece con los tonos menores en que Miguel se mantiene, lamentando toda la tristeza y el dolor del universo.

El viento aumenta gradualmente hasta alcanzar la fuerza de un huracán. Lejos, delante de ella —Ginevra se siente también expuesta a los elementos—, ve a Miguel que, casi invisible en las tinieblas, procura guarecerse de la tormenta. Lo sigue y procura llamarlo, pero sin éxito; el viento se traga las palabras antes que las pueda articular. Luego, los negros nubarrones se dejan caer... y ella lo pierde de vista.

Cuando el huracán llega a su punto culminante, los tonos mayores huyen derrotados ante los menores (Ginevra había descubierto en algún momento anterior que Miguel estaba usando los tonos mayores para representar las fuerzas de la Luz, y los menores para indicar las fuerzas de las Tinieblas). No parece posible que fuerza alguna en el mundo pueda salvar a Miguel de la destrucción.

Es ahora, en la medianoche más profunda, cuando los pocos tonos mayores presentan su última resistencia—Ginevra percibe que para Miguel, el fin se acerca—, ahora que casi le ha concedido la victoria al poder de las tinieblas, cuando nuevamente escucha ecos del tema de *Thais*. ¿Cómo puede sobrevivir algo tan frágil, cuando lo afrontan las legiones de las Tinieblas? Pero... en forma casi increíble... lo hace.

En ese instante, Ginevra contempla con atención, no a Miguel el pianista, sino a Miguel el hombre. Es claro que lo ha olvidado todo: el mundo, el público, y aun a *ella*. Al identificarse totalmente con la lucha por su alma, está tocando sólo para dos personas: él —el pecador penitente— y Dios. ¿Y su rostro? Más tarde ella reconoció que nunca lo podría explicar, pero una cosa era absolutamente cierta: allí, delante de ella, se hallaba expuesta el alma misma de Miguel.

Cuando Miguel se rinde, la marea cambia por fin; la tormenta sigue todavía, pero el enemigo se halla ahora sin duda alguna en retirada. Las disonancias y los tonos menores disputan cada metro del campo de batalla, procurando vanamente impedir el paso de la Luz. Luego, los victoriosos tonos mayores comienzan a adueñarse del campo.

Ginevra descubre en todo esto una gran verdad: son los tonos menores los que revelan la plena belleza de los mayores. Si ella no hubiera escuchado la "Meditación" que sollozaba enlazada por un tono menor, nunca se habría dado cuenta del poder infinito de Dios. Es el tono menor lo que le imparte textura y belleza al mayor, y son las disonancias lo que, por contraste, revela la gloria de las armonías. Es el pesar lo que vuelve nuestros pies vacilantes a Dios.

Finalmente, cuando las nieblas se van disipando y el sol comienza a brillar, reaparece el Tema, por primera vez enteramente solo. Ahora es cuando Ginevra siente plenamente el impacto elevador de la música... porque "Meditación" se eleva hacia el cielo con tal pasión, tal patetismo y poder, que la gravedad no puede sujetarla.

Y Ginevra... habiendo hecho su elección... se eleva, y junto con Miguel, se remonta por las escalinatas del cielo a la presencia de Dios.

Dedicación

Dedico este relato a mi muy querido hermano Romayne, quien personifica lo mejor de la profesión pianística, y quien ha vivido en Viena y la ha amado ya por más de treinta años. En lo que respecta a la Votivkirche, hace poco mi hija, Michelle, subió ese mismo campanario con su tío Romayne, que cada verano da recitales en esa catedral.

Cómo surgió esta historia

Desde que tengo memoria, "Meditación" me ha perseguido. Cada vez que la escucho, mis ojos se humedecen. Me conmueve como ninguna otra pieza de música. El sueño que se convirtió en este relato nació mientras la escuchaba interpretada por la flauta de Zamfir.

Durante mucho tiempo había querido articular en forma de historia una narración musical así como ésta; pero hasta ahora me faltaba el vehículo, el cemento que le proporcionara cohesión. Por fin, la "Meditación", de Massenet, lo proveyó.

Después de haber bosquejado el relato, lo dejé germinar unos cuantos meses. Hasta entonces, yo no sabía nada acerca del origen de "Meditación", excepto por el nombre de su autor. En esa etapa integré a la tarea a Ingrid Vargas, de Takoma Park, Maryland, que es pianista y organista, un alma gemela. Le expliqué el relato en líneas generales, y le pedí que colaborara conmigo. Accedió a investigar en cuanto a los orígenes de la pieza. Admito que me sentía muy aprensivo: ¿Qué haría si se comprobaba —como era más que probable— que la pieza no tenía ninguna conexión religiosa, o peor aún, que tenía sus raíces en el campo opuesto?

Nunca olvidaré el día cuando la Sra. Vargas irrumpió en mi oficina, muy entusiasmada, exclamando: "¡Usted tenía razón!"

Una vez que logré calmarla, me mostró los resultados de su investigación: la pieza fue compuesta como un puente entre el mundo secular y el espiritual en nuestra vida.

Además, la Sra. Vargas me ayudó con el programa del concierto, lo cual no fue tarea muy pequeña. Adicionalmente, me ayudó a cada paso del proceso, para que el resultado no careciera de autenticidad musical. (Aun cuando yo conozco bastante bien el mundo de los conciertos, habiendo dirigido una serie de ellos por diez años, de todos modos necesitaba pericia musical adicional.) Ella es la única persona que escuchó la historia completa antes de la copia final. De modo que, en un sentido muy especial, esta es también su historia.